「5つの資」から
考える人生戦略

図解

「いいキャリア」の育て方

青田 努

Cast a spell 合同会社 代表

Discover
ディスカヴァー

はじめに

キャリアにおける「5つの資」

キャリアはなんだか曖昧で扱いづらいもの

　「人生100年時代」「リスキリング」などの言葉を耳にする機会が増え、経営が安定している会社として人気のある日本の大手製造業の中でも「将来の雇用は保証できない」とトップ自らが従業員に向けて発信する時代になってきました。

　不確実性が高まり続け、社会自体がどうなるかわからない今の時代においては、もはや所属組織の指示通りに働いていること自体がキャリア上のリスクになってしまう可能性すらあります。

　しかし、キャリアというものは曖昧で漠然としていて、しかも長期戦で先が見えにくく、考えることが億劫になりがちです。

「自分のキャリア、このままでいいのかな」

「会社の看板に依存せずに働きたいけど、どうすればいいのだろうか」

「自分の強みがわからない」

「何のスキルを身につけていけばいいのだろうか」

「ベンチャーで働いている友人のほうが充実しているように見える」

「今の職場は正直ぬるく感じるけど大丈夫だろうか」

　といった不安が頭の中でグルグル回っているうちに、気づけば前進しないまま数年が経過してしまうこともあるでしょう。

枠組みや地図を活用してみる

　そのような曖昧なものに対しては、枠組みや地図が必要不可欠です。頭の中は自分からは見えないので、書き出す・言葉にする・枠組みに沿って整理していくなど、外部化してみないといつまで経っても扱いづらいままです。見えづらいものは、見えやすくする必要があります。

　そこで本書では、キャリアを考えるときの補助ツールとして**「5つの資」**のフレームを用意しました。自分自身の現在地点や、満たされているもの、これから得るべきものなどを見つめ直すためのフレームです。

　不安な状態から一歩前進するためには、悩みごとの解像度を高めたり、分解したりして、「曖昧で大きいかたまり」から「具体的で扱いやすいサイズ」に変えていくことが効果的です。次のページで図にまとめていますので、ぜひ活用してみてください。

キャリアにおける５つの資

① 資格 を得て	→	② 資源 を元に	×	③ 資質 を活かして	―
やりたいことへの挑戦権		資本の元となる時限的リソース		資源を有効活用するための持ち味	
関心の幅		仕事に使える時間		好き嫌い	
自己理解		体力		得手不得手	
企業理解・職種理解		頭のはたらき		原動力	
意思決定		新鮮な気持ち		成長する力	
自己効力感					

10・20代〜 機会を得るフェーズ

30・40代〜 強みを磨いていくフェーズ

→

4

資本
に変えて

→

5

資産
を蓄積する

資産を得ていくための強み

働く理由となりうる価値

マインドセット

相互信頼とつながり

思考力・判断力

金銭的な余裕

専門性・技術

人や社会への貢献実感

実績・信頼・評価

自分なりに感じる価値

人脈

いい思い出

お金

40・50代〜　資産を築いていくフェーズ

※フェーズには個人差があります

前のページの図のように、キャリアは「①資格」→「②資源×③資質」→「④資本」→「⑤資産」という捉え方をすることができます。奇しくもすべて「資」がつく単語です。

　多くの人にとって働く上での最終ゴールになりうる「⑤資産」。これを手に入れるために、一般的にはそのスタート地点に立つための「①資格」を得るところからキャリアは始まります。
　そして、体力や時間など時限的なリソースである「②資源」に自分の「③資質」をかけ合わせながら仕事に取り組み、自分の強みである「④資本」に変換させていき、最終的に「⑤資産」を得る。

　本書ではこれら①〜⑤について各章で詳しく解説していきますが、まずはここで簡単に説明します。

①資格

　第1の資は「資格」です。自分がやりたいことや進みたい道、勤め先に入社するための挑戦権を得るための活動です。具体的には勉強や学習、就職活動、国家資格が必要な職業であれば資格取得など、キャリアのスタート地点に立つためのものが含まれます。また、社会人1〜3年くらいの若いうちに転職活動することもこれに該当します。

②資源

　第2の資は「資源」です。自分がやりたいことをやる資格を得られたら、次はいよいよキャリアの土台づくりが始まります。優秀なエンジニア学生やデザイナーなどは例外かもしれませんが、キャリアの序盤からすでに即戦力として使えるスキルを持っている人は少数派です。多くの人たちはまず「1.仕事に使える時間」「2.体力」「3.頭のはたらき」「4.新鮮な気持ち」

などの資源を元に努力し、自身の強み（④資本）を身につけていくことになります。

　これら資源は、個人差こそあれ加齢により失われていく時限的なリソースです。いつまでも資源に頼った働き方はできません。枯渇する前に自分の③資質をかけ合わせ、④資本へと効果的に変換していく必要があります。

③資質

　第3の資は「資質」です。資源を費やしてどれだけの資本が得られるかは、自分自身の「1. 好き嫌い」「2. 得手不得手」「3. 原動力」「4. 成長する力」といった資質によって大きく変わってきます。②資源は枯渇しやすいため、なるべく早い段階で自分の資質に気づき、好きで得意な仕事に資源を投入できると、その後の強み（④資本）につながりやすくなります。自分の資質に気づくのは難しいことですが、本書ではその方法についてもお伝えしていきます。

④資本

　第4の資は「資本」です。やりたいことをやる資格を得て、自らの資質に合った役割につき、資源を費やして仕事に取り組むことにより、強みが身につきやすくなります。

　一般的に「資本」はお金というイメージがありますが、本書では資本を「1. マインドセット」「2. 思考力・判断力」「3. 専門性・技術」「4. 実績・信頼・評価」「5. 人脈」「6. お金」に分類し、資産を形成するために必要な強みとして定義しています。

⑤資産

第5の資は「資産」です。資産はキャリアの最終ゴールとなりうる価値のことです。私たちの働く理由と言ってもいいでしょう。具体的には、「1. 相互信頼とつながり」「2. 金銭的な余裕」「3. 人や社会への貢献実感」「4. 自分なりに感じる価値」「5. いい思い出」、これらが本書における資産に相当します。

キャリアに悩み始めたときは、自身の現状をこの「5つの資」の枠組みで俯瞰して、もやもやした不安の正体を明らかにして今後のアクションに結びつけていきましょう。

年代に応じた「資」のフェーズがある

これら5つの資は、年代に応じて適したフェーズがあります。記載している年代は絶対的なものではなく、個人の環境や業種・職種によって差がありますので、あくまでも目安として捉えてください。

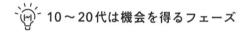 10〜20代は機会を得るフェーズ

10〜20代は、他の年代と比べ挑戦できる機会が多い時期です。もちろん、30〜40代（人によっては50〜60代）からでも自ら機会を創り出すことで新たな挑戦はできますが、挑戦に必要な②資源（体力・時間など）が十分でないばかりか、自分のやる気があっても加わりたい組織に受け入れてもらえなくなることが増えます。

たとえば、民間企業であれば求人票で表立って年齢制限は記載しないものの、望ましい年齢ゾーンを設けていることもあるでしょう。すべての年

齢層に向けて門戸を開いている求人のほうが稀かもしれません。その点、10〜20代であればまだ十分に資源を活かして機会を得ることが可能であり、他の年代と比較したらチャンスが溢れている「旬」でもあります。これを逃すとあとでリカバリーすることが難しくなることもあるので、体力・チャンスが十分にある時期に動くことが重要になります。

💡 30〜40代は強みを磨くフェーズ

10〜20代で仕事の基本を身につけたら、30〜40代では強みを磨いていくことが大切になります。②資源（体力、仕事に使える時間、頭のはたらきなど）は加齢とともに失われていく時限的なリソースですので、いつまでもそれらに頼った働き方はできません。資産を形成していくためには、新たな強みである④資本を身につけていく必要があります。この②資源→④資本への変換をいかにできるかは、キャリア上の大きなテーマになるでしょう。

💡 40〜50代は資産を築いていくフェーズ

個人差はありますが、多くの場合40〜50代は資産を形成していくフェーズとなります。先にも述べましたが、ここでいう「資産」は金融資産のみではありません。仕事人生が終わっても続いていく「人生の終盤を豊かに生きていくために必要なもの」を指します。

仕事に熱中していたり追われていたりすると、自分のキャリアの現在地点を確認することが疎かになってしまいがちです。できれば半年に1回、少なくとも1年に1回は、キャリアの健康診断として「これらの資産を自分はどれほど得られているか、得ていけそうか」と、立ち止まって振り返ってみることをおすすめします。

フェーズによる変化（順当なケース）

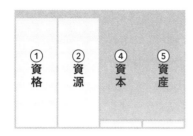

20代

資本（強み）や資産は心許ないが、
資格（挑戦権）を得る機会や
資源に恵まれているフェーズ

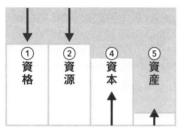

30代

資格や資源は減ってくるが、
資本が身につき始めるフェーズ

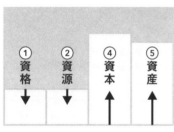

40代

自分なりの資本が確立し、
資産が蓄積されつつあるフェーズ

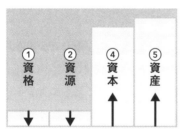

50代

資産が蓄積されているフェーズ

※③資質は、②資源とかけあわせる「持ち味」のため
　増減はありません
※図はあくまでもイメージです
※フェーズには個人差があります

本書の構成

　本書は５つの資について、スタートである「①資格」からゴールである「⑤資産」まで順を追って説明していきます。

第１章　資格
「自身のキャリア選択（就職・転職など）」について考えてみる
▼

第２章　資源
「資本の元となる時限的なリソース」について考えてみる
▼

第３章　資質
「資源を最大限活かすための自身の持ち味」について考えてみる
▼

第４章　資本
「資産を得ていくために必要な強み」について考えてみる
▼

第５章　資産
「働く理由となりうる価値」について考えてみる

　最後の第６章では、①〜⑤に沿ってキャリアを育てていく上で意識しておきたい「キャリアとの向き合い方」についてお伝えします。停滞感や迷いを抱いているときのヒントになるような考え方をお伝えしているので、今まさに直面している悩みがある方は、気になるところから読んでいただいてもかまいません。

キャリアを「自己満足」から考えてみる

　私は企業の人事担当者・採用担当者として多くの方々のキャリアに触れてきました。その中には、今のキャリアに満足している人もいれば、相談の途中でつらくて泣き出してしまう人もいました。また私自身もこれまでに思い悩むことの多いキャリアを送ってきました。

　冒頭にも書いたように、キャリアは曖昧で長期戦で、働く人の数だけそのかたちがあります。

　キャリアには、誰にでも当てはまる正解があるわけではありませんが、だからこそキャリアは「自己満足」であっても良いのではないでしょうか。年収やステータスといった誰かの指標ばかりに左右されずに、まずは自分が満足できるようにキャリアを重ねていくことは、決して自分勝手なことではありません。

　本書の内容が、キャリアの不安や悩みを抱えている方々にとって自分自身を満たしていく一助になれば幸いです。

購入者限定特典

本書に掲載している

- ● 「5つの資」のセルフチェックシート
- ● スキル年表
- ● STARシート

は、下記の二次元コードからダウンロードできます。
ご自身の振り返りに、ぜひご活用ください。

https://d21.co.jp/special/career/

▼ ユーザー名

discover2953

▼ パスワード

career

CONTENTS

第 2 章

資源

資本の元となる時限的リソース

第 3 章

資質

資源を有効活用するための持ち味

第 4 章

資本

資産を得ていくための強み

第 5 章

資産

働く理由となりうる価値

第6章

第 1 章

資格

やりたいことへの挑戦権

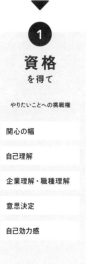
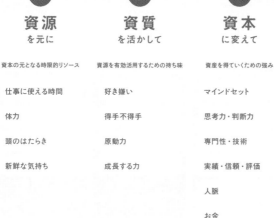

1 資格 を得て	**2** 資源 を元に	**3** 資質 を活かして	**4** 資本 に変えて	**5** 資産 を蓄積する
やりたいことへの挑戦権	資本の元となる時限的リソース	資源を有効活用するための持ち味	資産を得ていくための強み	働く理由となりうる価値
関心の幅	仕事に使える時間	好き嫌い	マインドセット	相互信頼とつながり
自己理解	体力	得手不得手	思考力・判断力	金銭的な余裕
企業理解・職種理解	頭のはたらき	原動力	専門性・技術	人や社会への貢献実感
意思決定	新鮮な気持ち	成長する力	実績・信頼・評価	自分なりに感じる価値
自己効力感			人脈	いい思い出
			お金	

1つめの資は「資格」です。これはライセンスや検定のような意味での資格ではなく、自分がやりたいことへの挑戦権（＝やりたいことに近づくための資格）を得るために必要なものとなります。わかりやすい具体的としては進学・就職・転職などです。

　挑戦権＝資格を手に入れるためにはどうすればいいか、キャリアの第一歩（もしくは新たな一歩）を考える際に知っておきたいこととして、ここでは、「1. 関心の幅」「2. 自己理解」「3. 企業理解・職種理解」「4. 意思決定」「5. 自己効力感」についてお伝えしていきたいと思います。

　まずは自分の「関心の幅」を広げ、自分にフィットする企業や職種に出会うために「自己理解」「企業理解」「職種理解」を重ね、その時点で最善と思える「意思決定」をする。
　また、これら一連のプロセスにおいては自分の可能性を信じること、つまり「自己効力感」を高めることが、挑戦権を得るための活動をしていく上では大切になってきます。

　これらはキャリアのスタート地点、10代・20代で特に考えておきたいものですが、転職や副業といった新たな世界に飛び出すときにも、参考になります。
　せっかくの挑戦の機会を無駄にしないために、一緒に考えていきましょう。

1
—

関心の幅

経験の幅によって、関心の幅は広がる

挑戦権（資格）を得るために大切なこと、その1は「関心の幅」です。関心のあるものが自分の中で明確になっていれば、挑戦権の獲得に向けて動き出しやすいのですが、人によってはなかなか見つからないこともあります。

キャリアをスタートする前からすでにアンテナを張り巡らせて関心を広く持てており、自分のやりたいことが明確になっているという人は少数派でしょう。自分のやりたいことや関心の持てることが見当たらずに「何かやらなきゃいけないと思ってはいるけど、やりたいことが明確にあるわけではない」という悶々とした気持ちを抱えている人が多いように感じます。

それでは関心の幅を広げるにはどうすればいいでしょうか。それは、**経験の幅を広げること**です。

たとえば海外旅行に行ったことがある状態とそうでない状態とでは、その渡航先の地域に対するアンテナの感度や関心の幅は大きく異なります。

そのため、まずは関心がなくても動いて経験してみる。これが自身の関心の幅を広げることにつながります。

関心がなければ動けないという気持ちもあるでしょうが、それは「動かないからなおさら関心が広がらない」という悪循環の第一歩になりやすいため、手遅れになる前にまずは重い腰を上げてみましょう。

もちろんそれらの経験の中には自分にとってピンとこないものも多く含まれるでしょうが、こればかりは確率論だと思って「数撃ちゃ当たる」のスタンスで動くことが大切になります。

インターンシップや副業のように自分で経験してみたり、ほかの人の仕事について聞いてみたり、気軽に試してみてはいかがでしょうか。

頑張りどころには旬がある

なお、まずは動いてみることが重要だとお伝えしましたが、その時期やタイミングも大切です。なぜなら、**「努力のレバレッジが効きやすいタイミング」や「門戸を開いてくれている時期」がある**からです。

特に受験や就職活動などは、スイッチONのタイミングが遅れてしまうと、そのリカバリーのために何倍もの努力が必要となることがあります。また、時期や年齢によっては門戸が開かれていない（＝挑戦をさせてもらえない）ことすらあります。

これは転職活動でも言えることで、求人においては「労働者の募集及び採用の際には、原則として年齢を不問としなければならない」とされてはいるものの、実際に何歳でも受け入れが可能な職場ばかりかというと、残念ながらそうではありません。

　頑張りどころには旬がありますので、機を逸することなくアンテナを立て、関心を広げておくことが「あのときに、もっとちゃんと考えておけばよかった。もっといろいろと動いておくべきだった」と後悔しないためにも必要になります。

2

—

自己理解

自己分析には限界がある

　挑戦権（資格）を得るために大切なこと、その2は「自己理解」です。自分と企業・職種をマッチングさせる上で、自分に対する理解が誤っているとミスマッチを引き起こす可能性があります。

　就職活動で「自己分析が大事」だと言われて自己分析したつもりの社会人でも、働いてみてから「自己分析が全然できていなかった」「自己理解が不足していた」と気づくことがあります。

　社会人になってキャリアを構築していったり、転職活動をしたりする際にも自己分析は求められますが、やはりこれは難しいものです。

なぜなら、分析には情報やデータが必要なのに、**実務経験が少ないうちは「働いているときの自分に関する情報」がまだまだ不足している**からです。情報がないのに分析しようとしても、無理があります。

　そのために必要なのは「働いている自分」についての情報を得ることです。もちろん、少し働いたくらいでは分析に足るほどの情報が得られない場合がありますので、できればプロジェクトや部署異動など、いくつか異なる仕事をして情報を得ていくことで、分析・理解はしやすくなっていきます。

　実際に実務に取り組むと、自分の中で、

「これはピンときた／これにはピンとこなかった」
「こういう人たちとは一緒にいてワクワクする／こういう人たちとはできれば一緒にいたくない」
「こういうサービスだとやる気が出てくる／こういうサービスは伸ばしていくモチベーションが湧かない」
「こういうマネジメントのされ方は合っている／合っていない」

などが相対化されて見えてきます **（自分の中での相対化）**。また、

「他の人はそう感じなかったようだけど、自分はたしかに感じた」
「他の人は簡単にやっているけど、自分にはうまくやれる気がしない」

というようなこと **（他の人との相対化）** は、自分らしさをわかりやすくしてくれます。また、一緒に働いた人からのフィードバックが得られたらそ

れも分析材料になるでしょう。

　このように、自己分析は**デスクワーク**として行うだけでは不十分で、**フィールドワーク**（＝実務）と**ネットワーク**（＝人とのつながり）によって深めやすくなります。

3

—

企業理解・職種理解

リアルな情報に基づいた分析が必要

　挑戦権（資格）を得るために大切なこと、その3は「企業理解・職種理解」です。

　自分と企業・職種をマッチングさせる上で、企業や職種に対する理解を誤ってしまっては、いくら自己理解ができていたとしても、ミスマッチを引き起こす可能性があります。

　自分にフィットする仕事や職場にめぐりあうには、自己理解だけでなく企業理解・職種理解も欠かせません。就職活動や転職活動の際に企業も説明してくれますが、都合の悪いことはオブラートに包まれ、実際よりもよく伝えられてしまうこともあります。

いいマッチングのために必要なもの

自己理解

企業理解
職種理解

可能な限り、「働いた自分」に関する情報を元に自己理解・自己分析していく
デスクワーク／フィールドワーク／ネットワークの活用

口コミサイトでリアルな情報を把握する
JDをいくつも見てみて、より実務や求められている能力・経験を知る

　そのため、**就職・転職の際は「いかにリアルな情報に触れるか」が重要**になってきます。

　それでは、どのようにすればこれらの情報を入手できるのでしょうか。もちろん、何でも包み隠さず話してくれる知人がいればいいのですが、そんなに都合のいいことはそうそうありません。また自分の関心のある会社や職場すべてについて話を聞いていくというのも現実的ではないでしょう。

　そこで本書では、比較的簡単に実践しやすい方法を2つ紹介したいと思います。

企業理解には「生の声」

　特定の企業について理解を深めていきたい場合は、**口コミサイトから情報を得る**というのが比較的やりやすい方法です。中には利用料がかかる口

コミサイトもありますが、今後の人生やキャリアに対する影響を考えたら安い投資ではないでしょうか。

　企業口コミサイトはいくつかありますが、私も転職活動の際には情報源としてお世話になりました。
　実際に検索してみると、多くの企業について、従業員・元従業員からのリアルな口コミを読むことができます。一定の従業員規模の会社であれば少なくとも数件、企業によっては数百件の口コミが掲載されています。

　なお、これら口コミサイトを閲覧するときには「ネガティブ寄りの情報が実態より多く含まれている可能性がある」という点に注意してください。なぜなら、以下のような背景があるからです。

- これらのサイトを利用する理由としては「転職活動における情報収集」が多いと予想できる。そのため、利用者はこれまでの在籍企業は辞めるつもりであり、辞めるなりのネガティブな感情を抱いている可能性がある。
- 利用者は、これまで在籍した企業についての口コミを書くことで、転職を検討している企業の口コミを無料で閲覧できるようにしているサイトが多い。

　口コミ系サービスは情報源として有用なものではありますが、利用時にはくれぐれも上記のような背景を踏まえながら読んでいくことをおすすめします。

職種理解には「Job Description」

　転職を考えている人は、基本的にある程度職種を理解した上で希望の転職先を探しているでしょうが、日本の新卒採用の場では職務経験がない学生が大半を占めるので、いきなり仕事の具体的な話をしても理解できません。そのため、学生向けの説明会やセミナーで説明される職種や業務内容の説明は、抽象度が高いものになります。

　しかし、もう少し具体的な業務内容まで知っておかないと理解不足に陥りやすく、ミスマッチにもつながりかねません。

　そこで、気になっている企業と職種が具体的にある場合は、その企業サイトにある中途採用のページにて、その職種やポジションのJob Description ＝ JDについて確認してみることをおすすめします。

　JDとは（厳密に説明するとそうではないのですが）いわば求人票のようなもので、**その職種やポジションの人が入社後に期待されている実務の内容**について記載されています。

　JDが公開されるのは、その時点で中途採用をしているポジションのみなので、すべての職種やポジションについて情報を得ることはできませんが、それでも先ほどお伝えした口コミサイトとあわせて見てみると、その職種の実情ややりがい、不満を抱きやすいポイントなどを総合的に理解しやすくなります。

4

—

意思決定

いい選択をするには?

　挑戦権（資格）を得るために大切なこと、その4は「意思決定」です。

　人生は選択の連続で、何度も意思決定を繰り返していきます。仮にミスチョイスをしてもやり直す手段はあるでしょうが、仕事選びは重要な意思決定になるからこそ、外したくないという人も多いかと思います。

　それでは、いい選択をするにはどうすればいいのでしょうか?

　分解してみると、選択には5つの要素があります。次のページからは、この5つの要素と、それらに対する阻害要因をセットにして整理してみました。

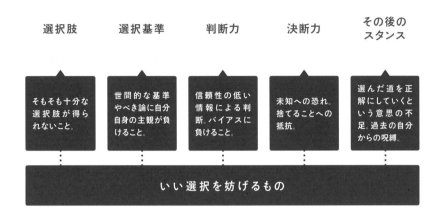

いい選択をするための5つの要素

選択肢	選択基準	判断力	決断力	その後の スタンス
そもそも十分な選択肢が得られないこと。	世間的な基準やべき論に自分自身の主観が負けること。	信頼性の低い情報による判断。バイアスに負けること。	未知への恐れ。捨てることへの抵抗。	選んだ道を正解にしていくという意思の不足。過去の自分からの呪縛。

いい選択を妨げるもの

要素1. 選択肢

　第1の要素は「選択肢」です。いい選択ができる可能性を高める上で、選択肢を増やしていくこと自体はムダではありません。

　選択肢だけ多くても意味はないのですが、とはいえあまりに少ない状態だと「自分にとってのいい選択肢」が含まれていない可能性もあります。

　キャリア選択の場であれば、内定が得られていない状態では入社する会社を選びようがない、という状態です。

　そのため、特に若いうちは選択肢を広げるための努力が必要です。

　内定によって選択肢を得るだけでなく、自分が「この仕事も面白そう」「こういう働き方もありだな」と思えるように**自身の価値観 ＝ 選択肢となるゾーンの拡大をしていく**ことが大切になってきます。

　また、自身を成長させて内定を得やすくすることもこれに相当します。

💡 要素2. 選択基準

　第2の要素は「選択基準」です。選択肢があればあるほど、それらの中からより良いチョイスをするためには選択基準が必要です。

　たとえば就職・転職であれば「やりがい」「給与」「ワークライフバランス」「今後のキャリアの広がり」などたくさんの要素がある中で、何をどれくらいの割合で重視するのか、「自分にとっての基準」がなくてはより適した選択をすることができません。

　ここで大事なのは、世間一般の基準や世間体・他人の評判ではなく、あくまでも**自分の主観・価値観・感覚・欲を踏まえて考える**ということです。
　グルメサイト上の星の数のみで判断するのではなく、ちゃんと自分の味覚を信じることと同じです。自分は何に喜び、何を大切にするのか、心の声を大切にしてください。

　なお、一般的に「選択肢が多いと選べない」と言われることもありますが、そんなことはありません。この基準や選択軸さえハッキリしていれば、選択肢が多いことはそのままプラスになります。

💡 要素3. 判断力

　第3の要素は「判断力」です。選択肢（要素1）が豊富でも、選択基準（要素2）が明確でも、判断を誤っては意味がありません。

　それでは判断を誤らせるものは何でしょうか？　大きく分けて2つあります。

1つめは**「情報不足」**です。断片的な情報や信頼性の低い情報しか持たずにイメージで入社先を決めた就活生が、社会人になってから「こんなはずじゃなかった」とギャップを感じるパターンがこれに当てはまります。

2つめは**「認知バイアス・認知の歪み」**です。人は常に正しく物事を認知できるとは限りません。

思考の誤りや思い込みが、意思決定や選択に影響を与えることがあります。認知バイアスや認知の歪みの存在を知っていることは、「自分は認知バイアスにとらわれていないか」と見つめ直す上で有効です。

次のページで代表的な認知バイアスと認知の歪みをまとめたので、自分が無意識に当てはまっていないか、確認してみてください。

 要素4. 決断力

第4の要素は「決断力」です。これは判断力と似ているようですが別物です。判断がどちらかというと「頭・思考」によるものだとしたら、**決断は「ハラ・ハート」によるもの**です。いわゆるハラ決めです。

人は動物です。動物である以上は未知のものを大なり小なり恐れます。また、ひとつに決めることはもう一方の選択肢を捨てることだとも言えます。そのため、過剰な「未知のものへの恐れ」「捨てることへの抵抗」は決断を阻害します。

認知バイアスの例

名称	説明	キャリアにおける落とし穴
サンクコスト	これまでにかかった取り戻せないコストを回収しようとすること。	「貯金して留学したので、英語力を活かせる仕事に就かなければ」と、過去の経験によりこれからのキャリアの幅を限定してしまう。
損失回避性	損失を過剰に回避しようとすること。	「今よりも年収をダウンさせる代わりに、新たな価値ある経験ややりがいを得る」という転職ができなくなる。
チェリーピッキング	見たいものだけを見ること。	自分のキャリア選択を正当化してくれるような都合の良い事実や根拠だけをピックアップして自分を納得させる。
ハロー効果	目立ちやすい特徴に惹かれて、全体的な評価をしてしまうこと。	たまたま選考で会った社員がいい人だったので、実際にはそうでなかったとしてもいい会社だと思ってしまう。
バンドワゴン効果	多くの人から人気があるものをいいものだと思ってしまうこと。	人気の業種や職種が自分にとってもいいものだと思ってしまう（多くの人から選ばれているから選ぶという心理状態になる）。
ダニング・クルーガー効果	自分を過大評価してしまうこと。	自分の強みや弱みをフラットに捉えることができず、誤った自己認識を持ってしまう。

特徴的な認知の歪み

名称	説明
根拠のない決めつけ	証拠が少ないままに思いつきを信じ込むこと。
白黒思考	灰色（曖昧な状態）に耐えられず、ものごとをすべて白か黒かという極端な考え方で割り切ろうとすること。
部分的焦点づけ	自分が着目していることだけに目を向け、短絡的に結論づけること。
過大評価・過小評価	自分が関心があることは拡大して捉え、反対に自分の考えや予想に合わない部分はことさら小さく見ること。
べき思考	「こうすべきだ」「あのようにすべきではなかった」と過去のことをあれこれ思い出して悔やんだり、自分の行動を自分で制限して自分を責めること。
極端な一般化	少数の事実を取り上げ、すべてのことが同様の結果になるだろうと結論づけてしまうこと。
自己関連づけ	何か悪いことが起きると、自分のせいで起こったのだと自分を責めること。
情緒的な理由づけ	そのときの自分の感情に基づいて、現実を判断してしまうこと。
自分で実現してしまう矛盾	自分で否定的予測を立てて自分の行動を制限してしまい、自分の行動を制限してしまうものだから、予測どおり失敗してしまう。その結果、否定的な予測をますます信じ込み、悪循環に陥ってしまうこと。

※『こころが晴れるノート うつと不安の認知療法自習帳』（創元社刊、大野豊著）をもとに筆者作成

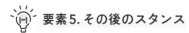 **要素5. その後のスタンス**

　第5の要素は「その後のスタンス」です。意思決定はその瞬間だけでは終わりません。むしろスタート地点です。その後に、自分が決めたことが「正しかった」となるようにしていくプロセスが続きます。

　特にキャリアには正解があるわけではなく、事前に予測しきれるものでもないので、正解を選ぶというよりは、**選んだものを正解にしていく努力**が必要になってきます。

　一方で、その意識に縛られすぎるのも危険であり、選択に対して努力することと、状況を見直して調整していくことのバランスが大切です。不退転の覚悟は時として自分を必要以上に苦しめることになります。「意思決定したときの自分は、今の自分とは別の人」という捉え方もありますので、自縄自縛になるようなことは回避しましょう。

　過去の自分の選択を正当化したくて意固地になってはいないかと、自身を見つめ直すことも大切です。

　人生は選択の連続です。一度選択しただけでは終わりではないので、たまに足を止めて自分の心の声を聴き、そのときに最善だと思える選択を重ねていくことで、満足のいくキャリアを築いていきましょう。

5
—

自己効力感

自分の可能性を信じられるようにする

　挑戦権（資格）を得るために大切なこと、その5は「自己効力感」です。自己効力感（self-efficacy）とは心理学者であるアルバート・バンデューラが提唱した概念です。これはあまり馴染みのない言葉かもしれませんが、すごく簡単に説明してしまうと「できそうだと思える」「きっとうまくいく」など、**自分の可能性を信じられること**です。

　キャリアには未知の課題が多いものです。それらに対して前向きに臨んでいけるか、自信のなさから尻込みしてしまうかによって、行動量や試行錯誤の回数が変わり、その蓄積による結果の差は大きなものになります。

　それでは、自己効力感を高めていくためにはどのようなことができるで

しょうか。自己効力感を構成する要素はおもに4つありますので、それぞれ説明していきます。

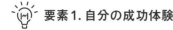 要素1. 自分の成功体験

　要素その1は「自分の成功体験」です。これから挑もうとしている課題に対して、すでに類似のケースで成功している経験があれば**「以前どうにかできたから、今回もどうにかできるだろう」**と思いやすくなります。

　また、これまでに何度も成功を重ねている人は、自分に対する信頼（＝自信）が高まっていることが多く、挑戦する課題ごとではなく、ベースとしての自己効力感が高くなっている場合があり、何事においても前向きな姿勢で臨みやすくなります。

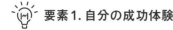 要素2. 他人の成功体験

　要素その2は代理的経験＝「他人の成功体験」です。自己効力感を高めるのは自分の成功だけではありません。
　他人の成功から**「あのようにすれば自分もうまくいきそう」「身近な人たちもできているのだから、自分もできるのではないか」**と思えるようになるパターンです。

　これは就職や転職だけではなく、副業を始めるときや起業するときも同様のことが言えます。周囲で副業や起業をする人がほとんどいない環境では、自分にとっても縁遠く感じるものですが、逆に副業・起業する人が珍しくない環境では、自分も取りうる選択肢としてイメージしやすくなるのではないでしょうか。

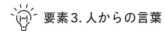 **要素3. 人からの言葉**

　要素その3は言語的説得、つまり「人からの言葉」です。

　人は一人では戦えません。自分だけでは気持ちを奮い立たせられず、自信を持てないこともあります。そんなときに、他人から「あなたならできると思いますよ」などと肯定的な言葉をかけられると、勇気をもらえるのではないでしょうか。自分が信頼している人からの言葉であれば、より強い影響があります。

　もし、あなたのまわりにキャリアに思い悩んでいるチームメンバーがいたとしたら、肯定的な言葉をかけたり励ましたりすることで、挑戦するエネルギーになるかもしれません。

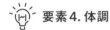 **要素4. 体調**

　要素その4は生理的・情動的喚起、すごく簡単に言ってしまうと「体調」や「健康状態」です。

　体調が良いときには何の問題もなく取り組めることであっても、体調が悪いと「できる気がしない」となってしまう場合があります。

　そのため体調やメンタル状態を健全に保つことは、自信を保ち新たな第一歩を踏み出していく上でのベースとなります。

　仕事や日常生活が忙しくなってくると健康管理がままならない状態にもなりかねませんが、意図的に休息をとり、自分の健康や体調を整えていくことがより一層重要になります。

「資格」についてのセルフチェック

これからもキャリアは続きますので、すべてにおいて満足のいくこたえでなくてもかまいません。まずは現在地点を確認してみましょう。

問い	今のこたえ
1. 関心の幅 ここ1年間で、関心の幅が広がるような出来事はありましたか? そのような機会は作りましたか?	
2. 自己理解 自分に対して自分を5分以上紹介するとしたら、どんなことを伝えますか?(所属や仕事内容ではなく、パーソナリティについて挙げてみましょう)	

問い	今のこたえ
3. 企業理解・職種理解 興味のある企業や職種について、そこから人が辞めていく理由は何でしょうか? それでも続けている人がいるのはどういう理由でしょうか?	
4. 意思決定 これまでに、能動的にしたと自信を持って言える意思決定は何ですか?	
5. 自己効力感 「自己効力感を構成する4つの要素」について、自身の現状をどのように捉えていますか?	

第 2 章

資源

資本の元となる時限的リソース

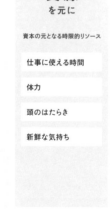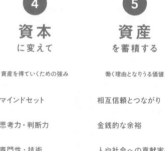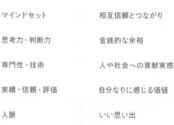

① 資格 を得て	② 資源 を元に	③ 資質 を活かして	④ 資本 に変えて	⑤ 資産 を蓄積する
やりたいことへの挑戦権	資本の元となる時限的リソース	資源を有効活用するための持ち味	資産を得ていくための強み	働く理由となりうる価値
関心の幅	仕事に使える時間	好き嫌い	マインドセット	相互信頼とつながり
自己理解	体力	得手不得手	思考力・判断力	金銭的な余裕
企業理解・職種理解	頭のはたらき	原動力	専門性・技術	人や社会への貢献実感
意思決定	新鮮な気持ち	成長する力	実績・信頼・評価	自分なりに感じる価値
自己効力感			人脈	いい思い出
			お金	

第1章では、やりたいことへの挑戦権である「資格」についてお伝えしました。

　この先、最終的な「資産」を増やしていくためには、今自分が持っているものを活かして経験を積み、強みである「資本」を身につけていく必要があります。

　社会人になった時点ですでに資本を身につけていることは稀です。学校でいくら実務に近いことを学んでいたとしても、それが社会に出たその日からそのまま強みとして通用するということは、ほぼありません。特に実務に関連しない分野を学んでいた人なら尚更そうでしょう。

　そのため、多くの人は「特筆すべき強みはないものの、その強みの元となるものはある」という状態から始まります。それが第2章でお伝えする「資源」です。

　本章で資源としてご紹介するのは「1.仕事に使える時間」「2.体力」「3.頭のはたらき」「4.新鮮な気持ち」です。これらは個人差があるものの社会人になった時点で多くの人が持っているもので、「加齢とともに失われてゆく時限的なリソース」であることが最大の特徴です。

　この「資源」という時限的なリソースを使って仕事に取り組み、これらが失われていく・低下していく前に強みとして「資本」を身につけていけると、キャリアの満足感・安心感は高まっていくことでしょう。

1
—

仕事に使える時間

仕事に使える時間は限られている

　資源の1つめは「時間」です。もしあなたがまだ独身で、健康で、親族の介護などがない状態であれば、仕事に使える時間は比較的多くあるのではないでしょうか。

　しかし、結婚すればパートナーとの時間が増え、子どもが生まれれば家族との時間が増え、自身の体力が衰えてくれば療養や休息に必要な時間が増え、親族の介護が必要になれば仕事ばかりしてはいられなくなります。

　このように、人生はいろいろな事情が積み重なっていくものであり、仕事に全力投球しようと思っても、それが許される時間は意外と限られています。「比較的自由が利く期間のうちに、いかに資本を身につけられるか」

は、キャリアにおける重要なテーマとなります。

　ただし、時間が限られているからといって、自分のキャパシティを無視してまで仕事にコミットすればいいというわけではありません。キャパオーバーしてしまうと、自分を自分らしく保てなくなります。

　自分を自分らしく保って、パフォーマンスを発揮するためには、休息が必要です。
　頑張りたい気持ちが高まっている状態では、予定が空いていると「何かしなきゃ」という思いから予定を詰め込んで安心したくなる気持ちもあるでしょうが、職場での経験や行動から学んだことを咀嚼するには「休む」必要があります。
　「予定がないから休む」ではなく「休むという予定を入れる」、この考え方が大切になります。倒れてから休むのではなく、倒れる前に休みましょう。

キャパには４種類ある

　キャパシティには、「①心のキャパ」「②体力のキャパ」「③能力のキャパ」「④時間のキャパ」の４種類があります。
　そして、何よりも大切なことは**「４種類のキャパシティの、ボトム（一番小さいもの）に合わせる」**こと、これに尽きます。
　基本的には、「①心＞②体力＞③能力＞④時間」の順に重視する必要があります。

大切にする順番

1		2		3		4
心 のキャパ	▶	**体力** のキャパ	▶	**能力** のキャパ	▶	**時間** のキャパ

１２３のどれかが悲鳴を上げていたら、４が空いていても休むこと

　まず一番大切なのは「**①心のキャパ**」です。これが溢れてしまうと、いろいろと大変なことになってしまいます。心がいっぱいいっぱいなときは、他のキャパに余裕があったとしても、心をしっかり休めることを最優先しましょう。

　次に「**②体力のキャパ**」です。言うまでもなく、時間が空いているからといって体力的に無理が生じるような予定を入れてはいけません。

　健康は、一度損ねてしまうと元に戻りづらいこともあります。休めば回復するようなレベルでやれているうちは良いのですが、度を超えると回復が長引くようになってしまいます。

　また、心と体力に余裕があっても、「**③能力のキャパ**」を超えてしまうと処理が追いつきません。パフォーマンスが悪化してしまうだけです。

　「ギリギリの挑戦の中でこそ人は成長できる」というのもある種の真理かもしれませんが、すべての人がエリートアスリート的な価値観で働くの

は無理があります。アスリートにならなくても、人は幸せに生きられます。

　勇気を持って仕事を断ったり、周囲の助けを借りたりして、自分だけでどうにかしないようにしましょう。これは慣れないうちは恥ずかしく、屈辱的に思うかもしれませんが、結果的には組織と自分自身にとって良い結果になることが多いように思えます。

　したがって**「④時間のキャパ」**ギリギリまで予定を入れていいのは「①心、②体力、③能力に余裕があるときだけ」となります。自分のキャパシティの限界は、4種類のうち自分が一番弱いものになります。ここに合わせましょう。

**　もし④時間が空いていたとしても、①心 ②体力 ③能力のうちどれかが悲鳴を上げていたら、ちゃんと「休むという予定」を入れましょう。**

　もしあなたが「休む」ことに罪悪感や抵抗があるのであれば、「エネルギーチャージ」「セルフメンテナンス」「コンディション調整」といった言葉に置きかえてみることをおすすめします。

　④時間の残りキャパは見えやすいですが、ほかの①心 ②体力 ③能力の残りキャパは見えづらいものです。だからこそ、自分の内面の声に耳をすませて、自分を大切にしてあげてください。

2
―

体力

いつかは体力に頼れなくなる

　資源の２つめは「体力」です。これは「時限的リソース」であることが最もわかりやすい資源ではないでしょうか。

　すでに実感している人も多いかもしれませんが、加齢とともに体力は如実に下がっていきます。私はキャリアの大半をいわゆる忙しい会社で働いており、20代〜30代前半までは体力で乗り切ってきたのですが、やはり40歳に近づく頃には連日遅くまで働くと疲れが抜けず、「体力でどうにかするフェーズ」ではなくなったことを悟りました。

　最近は社会全体で労働時間の適正化が進んでいますので、激務の会社も減っているとは思いますが、程度の差こそあれ、**人は体力で戦うフェーズ**

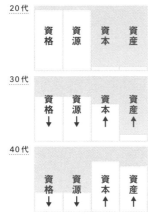

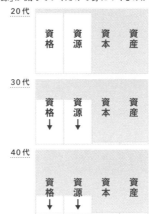

ブラックな働き方

いいキャリア
「資源」を「資本」「資産」に変換していける

ブラック企業
「資源」が減っていくだけで身につくものが少ない

から降りざるを得ないタイミングがやってきます。

　そのときまでに、体力など時限的リソースである「資源」を、強みである「資本」に転換していくことが重要になります。

「ブラック」＝「資源→資本の転換が困難な状態」

　余談ですが、世に言う「ブラック企業」というのは、この資源から資本への転換がしづらい企業や働き方のことを指すのではないでしょうか。

　加齢とともに資源が失われていくにもかかわらず、これといった資本（強み）が身につかないまま、ただ搾取されているような状態は避けなければなりません。

　なお、いわゆる激務の職場はブラックだと言われがちですが、その対価としても資本がしっかり得られていれば、あながちブラックとも言えないのかもしれません。

3
—

頭のはたらき

流動性知能は低下していく

資源の3つめは「頭のはたらき」です。これは20代のうちに感じることはないかもしれませんが、40代後半を迎える頃には「物忘れ」などのかたちで痛感するようになります。

そもそも知能とは**「流動性知能」**と**「結晶性知能」**に分かれます。
流動性知能とは新しいことを学習したり、新しい環境に適応したりする能力のことです。情報を獲得・処理・加工・操作する知能で、暗記力・計算力・直観力などがこれに該当します。この流動性知能は25歳頃にピークとなり、65歳前後で低下がみられると言われていますので、やはり加齢とともに低下していく時限的なリソースとなります。

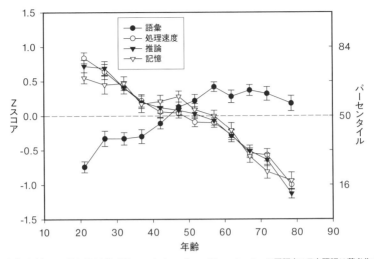

出典：Salthouse, T.A.（2004）. What and when of cognitive aging？　※図版内の日本語訳は著者作成

　一方、**結晶性知能とは、経験や学習などから獲得していく知能で、過去
の学習経験を元にして得られた判断力や習慣**（つまり経験の結果が結晶化
されたもの）のことです。言ってみれば第4章「資本」に含まれる「思考
力・判断力」のほか、想像力・統合力・理解力などが該当します。これは
経験・学習によって20歳以降も上昇を続け、流動性知能ほど加齢による
影響を受けづらいものだとされています。

　ひとつ研究結果をご紹介します。バージニア大学の心理学教授、ソルト
ハウスが「語彙」「処理速度」「推論」「記憶」について年代ごとにおこなっ
た検査（上図）によると、結晶性知能に含まれる「語彙」は60代までは
向上してその後も大きな低下がない一方、流動性知能に含まれる「処理速
度」「推論」「記憶」は20代から80代まで低下し続けています。

　このように、頭のはたらき（のうちの一部）というのは年齢とともに低
下する時限的なリソースとして、認識しておく必要がありそうです。

4

—

新鮮な気持ち

心に旅をさせる

資源の4つめは「新鮮な気持ち」です。新鮮な気持ちや感動する心は、新しい挑戦や困難に立ち向かう上でのエネルギー源になります。

社会人になった頃は初めての経験が多く、新鮮なもので満ち溢れているように見えますが、人は何度も同じような経験を重ねていくと、初めてのときほどの感動が得られにくくなります。これもまた加齢や経験とともに失われゆくリソースと言えるでしょう。**気持ちや感情は意識的にメンテナンスをしていかなければ、肉体と同様に老化していきます。**

とはいえ、資源の2つめで挙げた「体力」以上に、この「新鮮な気持ち」は個人差が大きいものです。50代になっても新鮮な気持ちで働き続けられる人もいれば、30代にしてすでに気持ちや感情の老化が始まっている

新鮮な気持ちを持ち続けるための3要素

機会創出

自ら新しい環境に
飛び込んでいるか、
その機会を
つくっているか

付き合う人

同じ人たちと
ずっと一緒にいて、
同じことを続けて
いないか

自己開拓・挑戦

新しい自身の一面が
開拓されるような
挑戦をしているか

ように見える人もいます。その差はどこから来ているのでしょうか？

　私はこれには以下の3点が大きく影響していると考えています。

　機会創出：自ら新しい環境に飛び込んでいるか、その機会をつくっているか

　付き合う人：同じ人たちとずっと一緒にいて、同じことを続けていないか

　自己開拓・挑戦：新しい自身の一面が開拓されるような挑戦をしているか

　いつまでも新鮮な気持ちを持てている人は、自分の心に旅をさせています。あなたの心は旅をしていますか？　自分の居心地のいい部屋に引きこもらせてしまっていないでしょうか。

「資源」についてのセルフチェック

これからもキャリアは続きますので、すべてにおいて満足のいくこたえでなくてもかまいません。まずは現在地点を確認してみましょう。

問い	今のこたえ
1. 仕事に使える時間 自分が仕事に使える時間は、年代ごとにどのように変化していくと思いますか？	
2. 体力 体力を維持していくために、自分がやることは何ですか？	

問い	今のこたえ
3. 頭のはたらき ・思考を必要とされる環境にいますか？ ・考えることを怠けていませんか？	
4. 新鮮な気持ち ・自分とは異なる考え方に触れ、刺激や新たな観点を得ていますか？ ・仕事で心が動くようなことはありますか？ ・ない場合、その機会を自ら作ろうとしていますか？	

第 3 章

資質

資源を有効活用するための持ち味

資格 を得て	**資源** を元に	▼ **③** **資質** を活かして	**④** **資本** に変えて	**⑤** **資産** を蓄積する
やりたいことへの挑戦権	資本の元となる時限的リソース	**資源を有効活用するための持ち味**	資産を得ていくための強み	働く理由となりうる価値
関心の幅	仕事に使える時間	好き嫌い	マインドセット	相互信頼とつながり
自己理解	体力	得手不得手	思考力・判断力	金銭的な余裕
企業理解・職種理解	頭のはたらき	原動力	専門性・技術	人や社会への貢献実感
意思決定	新鮮な気持ち	成長する力	実績・信頼・評価	自分なりに感じる価値
自己効力感			人脈	いい思い出
			お金	

第3章「資質」では、資源を有効活用するための「自分の持ち味」について説明します。

　第2章でお伝えした資源（仕事に使える時間、体力、頭のはたらき、新鮮な気持ち）は時限的なリソースであり貴重なものです。40代・50代になってから20代のような働き方をすることはできません。

　だからこそ、資源が豊富にある限られた時期を有効活用するためには、「自分自身の特性を理解しておくこと」が重要になります。

　資質というのは挙げていけばキリがないのですが、本章ではキャリアに影響を与えやすい以下の4点を扱います。

1. 好き嫌い：何が好きで、何が嫌いか
2. 得手不得手：何が得意で、何が不得意か
3. 原動力：何によってエネルギーが引き出されるか
4. 勇気：物事に取り組んでいく上での強さ、成長に影響を与える強さ

　資質を活かせない仕事や働き方や環境は、頑張っているのに成果が出なかったり、消耗したりしてしまうことにもつながりかねません。
　自分の持ち味を活かしながら資本への変換効率を高めて、満足度の高いキャリアを歩んでいきましょう。

1
—

好き嫌い

「カテゴリ」と「仕事内容」は分けて考える

　資質の1つめは「好き嫌い」です。キャリアのために費やす時間や体力は限られた資源ですので、その対象はできれば「好き」なことに使いたいのではないでしょうか。

　ただし、この「好き」というのは直感的なもので心が高揚しやすいだけに、一歩引いて冷静に考えてみる必要があります。

　「旅行が好き」「アニメが好き」「美味しいものが好き」など、誰しも自分の好きなものがあるかと思います。「旅行が好きだから旅行代理店に就職したい」と考える人もいるでしょう。

　ただし、ここで注意したいのは**「カテゴリとしての好き」**と、**「仕事内**

容としての好き」は一致しないことがあるということです。これらを混同しないことが重要になります。「自分は旅行（カテゴリ）が好きだけど、ツアーコンダクター（仕事内容）という仕事や役割が好きとも限らない」ということは往々にしてあります。

　仕事を探したり選んだりしているときは、その好きなものへの思いが強いばかりに冷静に考えられないことがあります。それならまだしも、何年か仕事をして初めて「実は仕事を楽しめていない自分」に気づくこともあるかもしれません。そのような状況はやはり避けたいものです。

　かくいう私も新卒の就職時は「ゲームが好きだからゲーム業界に就職」したことがあります。
　1983年に任天堂からファミリーコンピュータが発売され、日本でゲーム業界が成長していく様子を子どもの頃から見ていた自分にとっては、自分が好きなゲームをつくっていた会社に入社することは念願でした。

　しかし、配属はゲームセンターのメダルコーナーで、私はその店員として働いていたのですが、お客さんがメダルゲームをプレイして楽しんでいる姿を見てもこれといってポジティブな感情が湧かず、自分の認識が甘かったことに気づきました。
　ゲームという「カテゴリ」と、メダルゲーム機器をメンテナンスする、灰皿を交換する、締め作業をする、アルバイトに指示を出すという「仕事内容」には大きなイメージの差があり、その違いを自分は冷静に見ることができていませんでした。

　また、ゲームに限らず「カテゴリの好き」は自分と同じように好きな人がたくさんいることがあり、たとえ従業員が辞めたとしても代わりとなる

人は絶えず採用できるので、需給バランス的に給与が安く抑えられ、使い捨てのようになってしまうこともあるので注意が必要です。

第2章でお伝えしたように、自分の大切な「資源」は加齢とともに失われていきますので、できる限り自分の性に合った仕事に集中的に取り組んで、資本（強み）を身につけていきましょう。

好き嫌いがわからないのはなぜか

私が新卒採用や大学教員の仕事で若手層に接していると、「自分が何が好きかわからない」という理由でキャリアに悩む人が多くいます。私はその際は「物事を数多く経験すると、その中で自分の好きなことと嫌いなことが見えてくるので、まず動いてみましょう」と伝えています。

第1章の「関心の幅」でも書いたように、経験の幅が関心の幅を広げてくれます。まずは多く経験してみて、その中から自分が今後続けていきたいと思えたものに使う時間を増やしていくことが大切です。「やりたいことがわからないから動かない」ではなく、**動かないからやりたいことが見えてこない**というのが実情ではないでしょうか。

たとえば学生であればインターンシップを経験してみる。社会人であれば異動やプロジェクトでいろいろな仕事を経験してみる。そうすることで自分の好きなことが見つかる可能性が高まっていきます。

今の会社でその機会が得られにくいのであれば、（まずは本業を頑張ったほうが良いという考え方もできますが）副業などにより経験の幅を広げていくことを検討してみても良いかと思います。

2

—

得手不得手

自分の得意なことを、どうやって見つけるか

　資質の2つめは「得手不得手」、得意なことと苦手なことです。好き嫌いは直感的・主観的・絶対的に判断しやすいものですが、得手不得手は相対的なものとなります。自分の得意なことに資源を使えたら、満足のいくキャリアになりやすいのではないでしょうか。

　まず理解しておきたいのは、得手不得手は相対的な概念なので、比べる対象が必要だということです。「自分の中での比較」と「他人との比較」をすることで得手不得手についての理解が深まっていきます。

　自分の中での比較は**「この作業・業務は自分の中では比較的得意にやれる・苦手だと感じる」**と理解していくことです。

63

これは好き嫌いと一致するとも限らず、さほど好きな作業ではないけど上手くやれたり、またその逆もあったりするので混同しないように気をつける必要があります（好きなことは得意だと思いたくなります）。

　一人だけで考えてもわかりづらいときは、周囲の人からのフィードバックも参考にしながら見つけていってください。

　また、他人との比較は「他の人はこの作業で苦労しているみたいだけど、自分はそこまで苦ではない」など、**「他の人と比べると自分はこれができる・できない」** と理解していくことです。

　なお、上司や先輩・チームメンバーが的確なフィードバックをしてくれる環境であればいいのですが、そうでない場合もあるかと思います。

　そのようなときは、少し距離が離れてしまいますが、「他部署で的確なフィードバックをしてくれそうな人」や、「信頼している他社の人」にメンター的な役割をお願いしてみるという方法もあります。

克服すべき弱みと、諦めていい弱みとの違いは？

　得意なことがわかったらそれを発揮していけば良いですが、不得意なことはどう対処すれば良いでしょうか。

　近年、「弱みに着目するのではなく、強みを伸ばすべき」という風潮が以前よりも強くなっています。

　それでは本当に、弱みは克服しなくていいのでしょうか？

　実は、弱みは「克服しなくていい弱み」と「克服すべき弱み」に分かれます。

　克服しなくていい弱みとは **「それを克服したところでバリューアップに**

克服しなくていい弱み	克服すべき弱み
克服しても自らの バリューアップには つながらないもの	自らの強みを活かす 上で「阻害要因」と なってしまうもの
魔法使いにとっては 「ちから」	魔法使いにとっては 「最大HP」

つながらない」 ものです。

　たとえばドラゴンクエストというゲームを例にすると、魔法使いにとって「ちから」は克服しなくていい弱みに相当します。魔法使いは呪文を唱えることで価値を発揮することが仕事であり、「ちから」を活かした直接的な格闘は戦士や武闘家が行います。そのため魔法使いは「ちから」よりも、呪文の効果に影響を与える「かしこさ」のほうが何倍も重要になります。

　多くの場合、仕事はチームで行うので、それぞれの得意分野を持ち寄って自分の得意分野で価値を発揮できれば良く、苦手なことはチームメンバー同士で相互にカバーします。そのため、魔法使いが「ちから」をアップさせてもバリューアップにはつながりません。

　それでは、魔法使いは「かしこさ」だけを伸ばせばいいのでしょうか？

やはり克服しなければならないものもあります。それは「最大HP」です。HP（ヒットポイント）とは生命力のようなもので、戦闘でダメージを負ってHPが0になると戦闘不能になってしまい、呪文を唱えて貢献することもできなくなります。

ゲームでは、魔法使いのHPは他の職業と比較すると最低水準に設定されていることが多く、プレイヤーは最大HPをアップさせるアイテムを魔法使いに使用して、行動不能になる確率を減らして価値発揮できる時間を増やしていきます。

つまり、克服すべき弱みは、弱みの中でも**「強みを活かす上での阻害要因となっているもの」**を指します。

これは現実世界であれば「信頼」と「語学力」などがわかりやすい例として当てはまるでしょうか。

「あの人の○○な部分は高く評価できるけど、周囲とのコミュニケーションが高圧的で自分勝手なところがあって信頼が不足しているので、今よりも責任のある仕事を任せられない」というケースや、「仕事はできる人だけど、海外の仕事は語学力が不足していて、やらせられない」というケースです。

これらはキャリア上のボトルネック（全体の能力や成果に影響する要因）となりやすいのですが、改善できればキャリア全体の底上げにつながります。

3
—

原動力

おもな12の原動力

　私たちには「このためだったら頑張れる」といった、人それぞれの「原動力」が存在します。自分自身の原動力は何かを認識し、なるべくそれに合った仕事や働き方ができれば、仕事においてより良い結果を出しやすくなり満足度の高いキャリアになることでしょう。

　それでは、原動力にはどのようなものがあるでしょうか。本書では「起動」「駆動」「感動」の3つのカテゴリに分けて、12の原動力について説明していきます。
　どの原動力が自分にとっては大きいか、考えながら読んでみてください（もちろん、自分の原動力はひとつだけではなく複数当てはまります）。

12の原動力

これがあるから
頑張れる!
続けられる!

駆動

やりたい!
やってみよう!
やらなきゃ!

起動

① 好きなもの
② 好奇心
③ ビジョン
④ 責任・役割

次もやりたい!
もっとやりたい!

感動

⑨ 報酬
⑩ 成長実感
⑪ 競争・勝負
⑫ クラフト

⑤ チームワーク
⑥ 貢献
⑦ クエストクリア
⑧ 自律

※①〜⑫は「起動」「駆動」「感動」のうち最も近そうなものに割り当てています。

起動

① 好きなもの
② 好奇心
③ ビジョン
④ 責任・役割

「起動」系の原動力

「起動」は始めるときの原動力であり、心のスイッチを押すものとなります。「起動」にカテゴライズされる原動力として、ここでは「1. 好きなもの」「2. 好奇心」「3. ビジョン」「4. 責任・役割」の4つについて説明します。

　「起動」系の原動力は、興味を惹かれて思わず飛びついたり、自分を奮い立たせて一歩踏み出したりするときに役立ちます。
　また、就職・転職の際であれば「1. 好きなもの：この会社なら自分の好きなものに関われそうだ！」「2. 好奇心：なんだか面白そうなことをしている会社だ！」「3. ビジョン：素敵なビジョンやミッションを掲げている会社だ！」「4. 責任・役割：この責任あるポジションでのオファーなら受けてみよう！」など、最初に魅力を感じやすい要素になります。

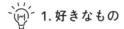 **1. 好きなもの**

第1の原動力は「好きなもの」です。スポーツが好きだからスポーツに関われる仕事に就く、アニメが好きだからアニメに関われそうな仕事に応募する……というような場合は、この原動力が大きく影響しています。この原動力が強い人は、**関わるものが好きかどうか**でエネルギー量が大きく変化します。

一方で、キャリアにおいて気をつけるべき点としては「憧れの業界に入ったものの、いつしかそれが当たり前になって慣れてしまい、かつてほどの喜びが感じられなくなっていく」こと、また「人気業界は志望者が多く、ある意味"替えがききやすい"ため労働環境が良くない職場もある」ことなどが挙げられます。好きなだけでは続かないというケースです。少し注意が必要です。

2. 好奇心

第2の原動力は「好奇心」です。面白いもの、自分の好奇心が満たされやすいもの、刺激されるものを好むという人は、この原動力が強いのではないでしょうか。このような人は**物事に対して関心を持てる、好奇心が刺激されるテーマ**だと、起動はスムーズになります。

逆に、多くのことに関心を持ちやすい、関心が移ろいやすい人は、ちょっとしたマンネリやキャリアの安定フェーズに入ると他の刺激を求め始める傾向にあります。そのため、数年〜数十年かけてロングスパンで取り組むことが求められるような仕事においてはフィットしづらくなることもあります。

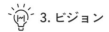 ## 3. ビジョン

第3の原動力は「ビジョン」です。「お金がもらえるなら好き嫌い言わずに何でもやる」という人もいる一方、このビジョンを原動力にしている人は「この会社は何のために存在しているのか」「この事業は何を目指しているのか」「自分がこれに取り組むことによって、社会や人々の暮らしにどのような影響があるか」といった、**将来のビジョンや存在意義、WHY、納得感**を大切にします。

逆にビジョンが原動力の人は「なぜやるのか」が見えづらいとき、取り組むべきことに対して自分自身で腹落ちできていないときに意欲が低下することもあります。あなたがもし上司や先輩であれば、自分たちの仕事の意義を伝えたり話し合ったりして、活力を引き出すサポートをしていきましょう。

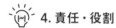 ## 4. 責任・役割

第4の原動力は「責任・役割」です。「責任のある役割は引き受けたくない」と責任や役割を回避したい人たちが少なからずいる一方で、逆に責任の重さや役割の重大さによって燃える人たち、スイッチが入る人たちもいます。欲（want）よりも、**任されることや責任感（must）で自らを動かしていく**タイプです。

この原動力は、あらゆる仕事において少なからず必要になるものではありますが、責任感・役割意識だけで仕事をすることに慣れてしまうと、自分自身でビジョンを描いたり、ストーリーテリングをしていったりすることが苦手になってしまう場合もあります。また、自分の主観や欲で決めていいことを決められなくなります。バランスが大事です。

駆動

⑤ チームワーク
⑥ 貢献
⑦ クエストクリア
⑧ 自律

「駆動」系の原動力

　原動力は始める・取り掛かるときだけに発揮されるものではなく、仕事や作業に取り組んでいる中で湧いてくるものもあります。

　「原動力があるからやる」が起動系であれば、駆動系は**「やっているから、もっとやりたくなる」**といった類の原動力です。
　駆動系の原動力には、「5.チームワーク」「6.貢献」「7.クエストクリア」「8.自律」があります。

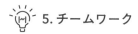 5.チームワーク

　第5の原動力は「チームワーク」です。「何をするか」も大切ですが、**「誰とどのようにするか」**をそれ以上に大切にし、人との協業によってエネルギーが湧いてくる人はこの原動力がベースになっているでしょう。
　「今のチームメンバーは大変なときでもお互いを尊重し、気遣いしあえ

るので頑張れる」「尊敬できる人たちと働けて、自分ももっと頑張りたいと思える」といったケースです。

　これは仕事内容や取り組むテーマに縛られずに発揮しやすい、いわば「原動力の優等生」なのですが、その発揮のためにはチームの関係性を良好に保っていくことが重要となります。

　逆に、チームのメンバーや関係性が良くないと仕事全体に対する意欲が低下したり、やる気が湧きづらくなったりします。

⚙ 6. 貢献

　第6の原動力は「貢献」です。チームワークと似ているのですが、チームワークは業務のプロセスにおいて感じるものであることに対し、貢献は**業務の副産物として生まれる感謝や貢献実感**を指します。

　「人の役に立つ」「人に喜ばれる」ことが原動力となる人は、この「貢献」に該当します。そして、この蓄積は第1章「資産」にある「人や社会への貢献実感」へとつながってきます。

　ただし、誰の役に立っているのかわからない業務をしていたり、感謝されていることが実感できない状態だと、この原動力は湧き起こりづらくなりますので、仲間や顧客からの感謝を感じる機会が少ない場合は、身近な人たちが日頃の感謝を伝えていくことが大切になります。

⚙ 7. クエストクリア

　第7の原動力は「クエストクリア」です。**目の前の課題（それも難しい難題）をどうクリアしていくか考え、挑戦していくこと**を楽しめる人にとっては、これが原動力になります。

任される役割が短期スパンで変わっていくような急成長中のスタートアップ企業などにおいては、純粋に目の前のクエストを攻略していくことを楽しめる資質は重宝されますし、組織や本人の成長にも好影響があるでしょう。

　このクエストクリアが原動力になっている人は、目標が難しいほど燃えて活力的に動けますが、逆にぬるい業務が続いてしまうと活力は低下します。時にはより難しいクエストや刺激を求めて転職を検討するということもあるでしょう。

 ## 8. 自律

　第8の原動力は「自律」です。この原動力は、**やるべきことや方法を自分で考えて、自分で決めて、自分の納得感を大切して働くこと**を重視します。

　アメリカの心理学者エドワード・デシとリチャード・ライアンが提唱した「自己決定理論」でも、自律性は幸福な生き方をしていく上で必要不可欠な要素とされています。

　ただし、自律的に動くのはいいことですが、それが自分勝手なものとならないように、目指す先と組織の方向性は揃えておく必要があります。

感動

⑨ 報酬
⑩ 成長実感
⑪ 競争・勝負
⑫ クラフト

「感動」系の原動力

　3つめは「感動」系の原動力です。感動系は、業務が一段落した際に**「やってよかった、もっとやりたい、もう一度やりたい」**と感じることによって湧き起こる原動力になります。

　ここでは「9. 報酬」「10. 成長実感」「11. 競争・勝負」「12. クラフト」について説明します。

9. 報酬

　第9の原動力は「報酬」です。これはわかりやすいかもしれません。自分の仕事の成果が認められて、それが**金銭や名誉などで報われることで頑張ろうと動ける**タイプです。リターンを提示しやすい仕事や役割であれば原動力として活かされやすいのですが、逆にリターンが不明瞭な場合は発揮しづらい原動力になります。

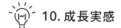 **10. 成長実感**

第10の原動力は「成長実感」です。特に若手のうちはメインの原動力となる人も多いのではないでしょうか。なお、これはあくまでも「成長」ではなく「成長実感」なので、**実感**が重要です。

もし自分の成長をなかなか実感できていない場合は、上司や先輩、チームメンバーにフィードバックを求めたり、自身でも内省の機会を定期的に設けたりして、実感できるようにしていくことが大切です。

11. 競争・勝負

第11の原動力は「競争・勝負」です。先述の「報酬」とやや似ていますが、報酬は結果へのリターンであるのに対し、この「競争・勝負」はあくまでも競争や勝負自体を好むことを指します。特にリターンがない場合であっても**勝負事ということだけでやたらと燃える**、そういう人はこの原動力がベースにあるのではないでしょうか。

この原動力は、数字を追う、特に日常的にチーム内で競う特性のある業務だと発揮しやすいものですが、そうでない業務の場合は活かされません。メンバー同士での競争が必要ない業務において、この原動力が強すぎるとフラストレーションが溜まることも考えられます。

12. クラフト

第12の原動力は「クラフト」です。いわゆる**「いいものをつくる」「納得できるクオリティのものをつくる」**ことが原動力となる場合です。

これが原動力となる人は、高い完成度やこだわりが求められないような職場や業務においては活力を失いやすくなります。その組織におけるクオリティの重視度合いと、自身のそれが適合するかどうかは、この原動力がベースの人にとっては重要なポイントになります。

4
—

成長する力

経験学習のサイクル

ここまで、資源を活かす「資質」として「1.好き嫌い」「2.得手不得手」「3.原動力」について説明してきました。最後は「4.成長する力」です。

ここでは成長していく上で必要な「経験学習」と「勇気」について説明します。

人は経験から学習していきます。この「経験や行動から学びを得ていく」ことは、アメリカの教育理論家であるデイヴィッド・アレン・コルブにより「経験学習」として提唱されました。

次ページの図は仕事から学びを深め、より効果的に成長を重ねていく上で覚えておきたい重要な概念になります。

経験学習モデル

By David A. Kolb

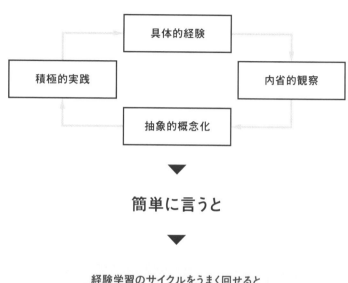

簡単に言うと

経験学習のサイクルをうまく回せると
経験の量や場数を、より活かせるようになる

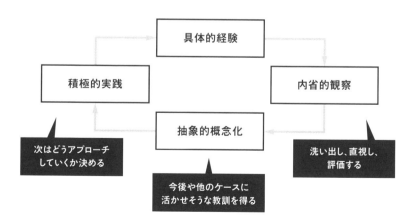

前ページの図を元に、一連のサイクルについて説明します。

☼ Step. 1　具体的経験（経験する）

人は仕事を通じてさまざまな経験をします。ただし、経験した「だけ」では学びは得られにくく、成長につながらないことがあります。

たとえば、成長企業の従業員は多くの経験をする機会に恵まれていますが、その機会を活かしてどんどん成長して頭角を現していく人もいれば、頑張っているもののなかなか成長にはつながりづらく、疲弊し退職していってしまう人もいます。

この差はどこから来るのでしょうか。実は経験を元に効果的に成長していけるかどうかは、経験の量や質だけではなく、次のステップ以降の

　2.内省的観察（振り返る）
→ 3.抽象的概念化（学びを得る）
→ 4.積極的実践（次の行動を決める）

を効果的に回していけるかどうかにかかっています。

☼ Step. 2　内省的観察（振り返る）

成長のサイクルを効果的に回していくために必要なのが内省的観察、つまり「振り返り」です。

自分のやっている方法は効果的なのか？
なぜうまくいったのか？　なぜうまくいかなかったのか？
そもそも○○をうまく進めるためには何が必要なのか？

など、日常的に自問自答し、意図的に試行錯誤しながら業務に取り組んでいける人は、成長や上達が早くなります。

　この内省的観察においてつまずくことがあるとしたら、考えられるパターンは以下の2つです。

　パターン1　時間を確保していない
　目先の業務が忙しく、振り返りの時間を持てていないパターンです。重要度が緊急度に負けてしまっていて、「走りながら考える」と言いつつも考えられていないことがあります（走りながら考えることは大切ですが、これは考えない人の言い訳に使われがちな言葉でもあります）。

　パターン2　振り返り方がわからない
　振り返る方法がわからず、自分で抱え込んでしまい内省が進んでいないパターンです。その際に、周囲の支援が得られにくい・周囲が頼りない場合は、さらに一人で悶々としてしまうこともあります。

　そのため、観察的内省は以下のようにしていくことで進みやすく、効果的なものになります。

　時間を確保する
　何よりもまず、忙しくても振り返りの時間をとることが大切です。「忙しくて振り返られていない」という場合は、そもそも「振り返りは空いた時間でやるもの」と振り返りを甘くみているかもしれません。優先順位を高くしましょう。

● 周囲の人に頼る

内省する際は、先輩やチームメンバーといった第三者の視点や意見から新たな気づきを得られることがあります。頼れる人が近くにいない場合はチームの外で探してみて、社内を探しても頼れる人がいなければ、思い切って職場を変えてみるのも、成長の観点では効果的かもしれません。

● 巨人の肩に乗る

巨人の肩に乗るとは、先人の教えに学ぶという意味です。たとえば、本を読んで新たな知識や考え方を知り、「こういう枠組みで状況を整理すると考えやすいかもしれない」など振り返っていくことです。

「本を読んで理論を学んでも仕事の役には立たない」という人も周囲にいるかもしれませんが、フレームワークや自分の中にない考え方というのは、自分を見つめ直したり考えを整理したりする際に役立つことがあります。

☀ Step. 3　抽象的概念化（学びを得る）

抽象的概念化とは、「わかったこと、気づいたこと」「もう一度最初からできるとしたらどうやるか」「他の事例でも言えそうなことは何か」などについて考え、書き留めておくことです。

たとえば、あなたが企業内の研修担当者で、強制参加の形式で研修を実施したものの、参加者の反応や研修後の行動変容が見られず、その研修の効果があまりなかったとします（Step. 2 内省的観察）。

そのような場合、「参加者本人が研修で伝える内容の重要性に気づいていないうちに、強制的に参加してもらっても、効果的ではなさそう」という学びを得て、次回以降は同様の研修であれば「参加必須とはしない」も

しくは「上司から本人に参加する意味を説明してもらってから参加してもらうことが有効かもしれない」といった感じで良いでしょう。

Step. 4　積極的実践（次の行動を決める）

上記の「学び」はあくまでも仮説ですので「立てた仮説を元に実験・実践してみる」ところまでがサイクルです。

経験学習が機能しやすい条件

なお、これら経験学習が有効に機能していくためには、以下の条件を満たすことが必要になります。

条件①　結果を元に本人が内省し行動改善できる
条件②　上司・周囲から適切なフィードバックが得られる
条件③　場数がある・打席が多い・機会が得られる

特に、①②が十分でない状態で量だけをこなしても「ヘタな素振りが上達」して疲弊するだけです。体を鍛えるためにやっているはずの筋トレが、正しい方法でないばかりに体を痛めるだけになっていることもあります。

「まずは行動、頑張るぞ！」「頑張っている自分が好き！」と動けているうちはいいのですが、「具体的な経験」を続けているだけだとふと疲れて冷静になったときに「基本が身についていない」「あの時間は何だったのだろう」となってしまうのではないでしょうか。

そのため、行動の結果をちゃんと見ること、結果をもとに観察・内省・思考すること、そして周囲が適切な支援をしてくれること（＝フィード

バックが的確）が、経験を学びに変えて活かしていく上で重要になります。

「ベンチャー企業は成長できる」は本当か？

「ベンチャー企業は成長できる」という考えからベンチャー企業へ就職・転職をする人たちもいますが、はたしてそれは本当でしょうか。

たしかに成長しているベンチャー企業はやることが多く、若くして裁量が与えられ、一人で何役もこなさなければならないケースもあるので、「Step.1 具体的経験」の機会には事欠きません。

しかし、ここまで説明してきたように、それだけで成長できるわけではありません。ベンチャー企業でも Step.2 以降の経験学習のサイクルを回していくことが前提となります。

多くの場数を踏んでも、内省や学びが不足すると「大食い・早食い競争」になって疲弊します。

「たくさん食べて、早く食べて」と膨大なタスクに追われ、胃もたれ・消化不良を起こすだけです。特にベンチャー企業は忙しいことが多いので、振り返りの時間をあえて確保しないとカレンダーがどんどん急ぎの用件で埋まっていくことにもなりかねません。

ベンチャー企業だからといって、ただそこで働いていれば成長できるというわけではありません。

せっかくの経験を、しっかりと振り返りができているか、内省をより効果的にするフィードバック（自分では気づかなかったようなアドバイスや問いかけ）が得られるか、新たな経験機会を作れるかが成長の分かれ目になります。

勇気

　自分を成長させていくサイクルとして、これまで「経験学習」について解説してきましたが、このサイクルをより一層効果的なものにするために必要なものがあります。それが「勇気」です。

　勇気があれば成長が早まりやすく、勇気を発揮できなければ成長は鈍化しやすくなります。

💡 レベルアップには「負けの経験値」も必要

　なぜ成長には勇気が必要なのでしょうか。それは、レベルアップしていくためには一定の「負けの経験値」も必要不可欠だからです。

　たとえばドラゴンクエストのようなロールプレイングゲームであれば、「勝ちの経験値」だけでレベルアップできます。

　モンスターとのバトルに勝利することで経験値がたまり、経験値が一定の数値までたまったら次のレベルに到達します。逆に、負けた場合には何も得られません。

　しかし、現実世界では「負け」から得られる成長は多く、しかも次のレベルに上がっていくためには**「勝ちの経験値」だけではなく「負けの経験値」の両方が必要**になります。

　もちろん、単に怠けていたことが理由で負けたのであれば経験値になりませんが、挑戦の結果としての負けからは得られるもの（挑戦してみて初めてわかったことや得られた教訓）があります。

レベルアップには「負けの経験値」も必要

ゲームの世界	現実の世界
・バトルに勝ったら経験値が得られる （負けた場合は何も得られない） ・勝った際の経験値のみでレベルアップできる	・負けても経験値は得られる （似たような失敗の繰り返しは除く） ・次のレベルにいくには勝ちの経験値だけでなく、負けの経験値も必要

成長に必要不可欠な3つの勇気

　しかし、負けの経験を積むことは、心に負荷がかかることでもあります。失敗することは怖く、できることなら立ち向かいたくないものでしょう。そこで必要になってくるのが勇気です。

　ここでは成長に必要な「3つの勇気」をご紹介します。

● 踏み出す勇気（経験する勇気）

　踏み出す勇気がないと挑戦ができないので、失敗もできなくなります。失敗ができないと負けの経験値がたまらないので、成長が鈍化します。経験を得るために必要な勇気です。

● 見つめる勇気（自分に厳しくする勇気）

　78ページの経験学習の項目でもお伝えしたように、自分の現状を見つめ、内省することで学習と成長は加速していきます。

その際に、自分の弱さや情けなさや醜いところを直視して、的確な言葉で言語化できないと成長が鈍化します。自分に厳しくあるために必要な勇気です。

受け入れる勇気（周囲にフィードバックをもらう勇気）

経験学習サイクルを回していく際に、自分の内省だけでは得られない気づきがあります。

それを補ってくれるのが他者からのフィードバックです。上司や周囲からの的確なフィードバックは自分へのギフトと捉えたほうがいいでしょう。

なお、フィードバックは厳しいものも含まれることがあるので、恐怖心を抱いてしまうこともあるでしょう。「自分はできている、そんなことはない」など心を閉ざしたり、他責の姿勢になったりしてしまうこともあります。

しかし、それが相手に伝わると、相手は無理にフィードバックしようと思わなくなることもあります。

厳しく的確なフィードバックを受け入れることで、成長への気づきを得られる機会は増えていきます。

 勇気を身につけるには

それでは、勇気を身につけていくにはどうしたらいいでしょうか。これはやはり**「打たれてみる」**に限ります。

打たれてみる効能は「ダメージの量」が適切にわかるようになることです。そうなると、むやみに怖がらなくなります。打たれることをいつまで

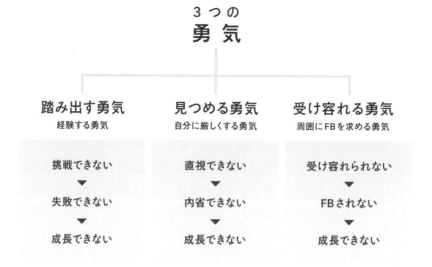

も避け続けていると、ダメージ量の想像がつかず、過剰に怖がる状態が続いてしまいます。

　打たれてみて初めて、「これはかすり傷程度のようだ」「これは最初だけ痛いけど何日かで回復する痛みだ」などがわかるようになり、適切な量の恐怖で済むようになります。

　また「痛みに慣れる」「防御力が高くなる」という効能も期待できるでしょう。

「資質」についてのセルフチェック

これからもキャリアは続きますので、すべてにおいて満足のいくこたえでなくてもかまいません。まずは現在地点を確認してみましょう。

問い	今のこたえ
1. 好き嫌い ・好きなことは何ですか? ・嫌いなことは何ですか?	
2. 得手不得手 ・自分の中で、得意なこと・苦手なことは何ですか? ・周囲の人と比較して、得意なこと・苦手なことは何ですか?	

問い	今のこたえ
3.原動力 ・12の原動力のうち、自分にとって特に大きいものを3.4つ選ぶとしたら何ですか? ・逆に、自分にとって原動力にならなさそうなものは何ですか?	
4.成長する力 ・周囲からのフィードバックを自ら求めていますか? ・先月、内省に何分使いましたか?	

第 4 章

資本

資産を得ていくための強み

① 資格 を得て	② 資源 を元に	③ 資質 を活かして	④ 資本 に変えて	⑤ 資産 を蓄積する
やりたいことへの挑戦権	資本の元となる時限的リソース	資源を有効活用するための持ち味	資産を得ていくための強み	働く理由となりうる価値
関心の幅	仕事に使える時間	好き嫌い	マインドセット	相互信頼とつながり
自己理解	体力	得手不得手	思考力・判断力	金銭的な余裕
企業理解・職種理解	頭のはたらき	原動力	専門性・技術	人や社会への貢献実感
意思決定	新鮮な気持ち	成長する力	実績・信頼・評価	自分なりに感じる価値
自己効力感			人脈	いい思い出
			お金	

第2章では「資源」、第3章では「資質」についてお伝えしました。

私たちはこれらの貴重なリソースと持ち味を活かして働いていくことにより「資産」を築いていくのですが、そのためには強みや武器が必要です。それが本書における「資本」となります。

本章で紹介する資本は、「1. マインドセット」「2. 思考力・判断力」「3. 専門性・技術」「4. 実績・信頼・評価」「5. 人脈」「6. お金」から構成されます。

仕事をしていると、日々のタスクをこなしていくのに忙しく、気づくと数ヶ月、数年が経っていた……ということもあるのではないでしょうか。

目の前の仕事に向き合い続けるのも素敵なことですが、ときには俯瞰して考えてみないと、強みや武器がアンバランスになっていて、思うようなキャリアを描けなくなってしまうこともあります。

第2章でお伝えしたように、自分が使える資源は限られています。今の自分はどのような強み・武器を持っていて、これから先はどのような資本を増やしていきたいのか、考えながら読み進めてみてください。

1

マインドセット

マインドセットとは

　資本の1つめは「マインドセット」です。

　マインドセットは「心がまえ」「物事の捉え方」のことです。多くの行動や取り組みに影響を与えるベースになります。前向きな気持ちでやった仕事と、どこか後ろ向きでやらざるを得なかった仕事では、成果やクオリティだけでなく自分の満足感も大きく異なってきます。

　マインドセットと聞くと、精神論のようで苦手に思う人もいるかもしれませんが、**鍛え抜かれたマインドは、仕事で価値を発揮していく上での強みやエネルギーになります。**

　ここでは仕事で特に大切なマインドセットとして「意味づけ」「逆算」「実験」の3つをお伝えします。

３つのマインドセット

意味 づけ マインド	逆算 マインド	実験 マインド
があると、 モチベーションが 高まる	があると、 成功の確率が 高まる	があると、 未知のことに 取り組める

「意味づけ」マインド

　業務や作業には天（意味）と地（現実的な作業）、2つの側面があります。意味がある仕事を達成するためには、書類の作成や連絡、調整、データ分析、テレアポなど、細かい作業の積み重ねが欠かせません。

　「請求書の処理が好き」「地道にデータを整える作業をしていると、心が洗われる」「飛び込み営業はなんだかんだ楽しい」など、地の作業そのものに喜びを見出して楽しめていれば問題はありません。
　一方で、「請求書処理は、間違えてはいけないプレッシャーがあってしんどい」「データをきれいにする作業が必要なのはわかるが、黙々とした単純な作業でストレスを感じる」「飛び込み営業は人に迷惑をかけているみたいで気が引ける」と感じる人もいるでしょう。

　しかし、自分のキャリアを前進させるような取り組みのほとんどは地の

作業の積み重ねです。だからこそ、**「地の作業」を「天の意味」に結びつ
ける**ことができれば、目の前の作業の見え方やモチベーションに好影響を
与えることがあります。

　これを象徴する有名な寓話に、「3人のレンガ積み職人」があります。

　　＊＊＊

　あるところに旅人がいました。

　旅人が大きな一本道を歩いていると、1人の男がとても厳しい顔つきで
レンガを積んでいます。旅人は、その厳しい顔つきの男に尋ねました。

　「あなたはここで何をしているのですか？」と。

　厳しい顔つきの男は答えました。

　「わからないのか？　見ての通り、レンガを積んでいるに決まっているだ
ろ。一日中、俺はここでレンガを積まなきゃいけないのさ。体中が痛くな
るし、どうしてこんな作業ばかりやらされるのか……」

　旅人は、愚痴を言い続ける厳しい顔つきの男をなだめ、大きな一本道を
歩き続けました。

　旅人がさらに歩いていると、少し離れたところでレンガを積んでいる男
に出会いました。1人目の厳しい顔つきの男と違って、さほど辛そうには
見えず、テキパキ・黙々とレンガを積んでいました。旅人は2人目の男に
尋ねました。

　「あなたはここで何をしているのですか？」と。

　2人目の男は答えました。

　「大きな壁を作っているんだよ。今日も朝から晩まで作業さ」

1人目が辛そうにしていたので、旅人は2人目にねぎらいの声をかけました。

　「いやいや、どうということはないよ。だって、この仕事があるから俺は家族を養っていけるんだ。この地域では、家族を養っていけるだけの仕事を見つけることすら大変だけど、俺はこの仕事があるから家族を食わせていくことができるのさ。これを大変だなんて言っていられないね」

　旅人は、こう答えながらもテキパキと作業を進める2人目の男の元をあとにして、再び大きな一本道を歩き続けました。
　旅人がさらに歩いていると、また、レンガを積んでいる男に出会いました。3人目の男はこれまでの2人とは異なり、活き活きとした様子でレンガを積んでいます。旅人は不思議がって尋ねました。
　「あなたはここで何をしているのですか？」と。

　3人目の男は意気揚々と答えました。
　「歴史に残る大聖堂を造っているんだよ！」

　旅人は3人目にもいたわりの言葉をかけました。

　「いやいや、何を言っているんだ。だって、大聖堂が完成したらここで多くの人たちが神様から祝福を受けて、悲しみを拭うんだ。素晴らしいことじゃないか！　俺も作業をしていて誇らしい気持ちになるね」

　旅人は3人目の男にお礼の言葉を残して、歩き続けました。

　＊＊＊（インターネット上に掲載されている文章を元に著者改変）

「意味づけ」のマインドセット

地 ［現実的な作業］		天 ［意味］
たとえば「採用業務」なら ・選考結果の連絡 ・面接に進む候補者との日程調整 ・面接を実施する部屋の予約 ・人材紹介会社への情報の提供 ・予算の承認、申込書への記入 　　　　　　　　　　など	 意味づけ	たとえば「採用業務」なら ・自社の成長において、人は何よりも重要である。 ・経営リソースは「人」「物」「金」「ブランド」「情報」などさまざまあるが、人は他のリソースに影響を与えるものなので別格である。 ・人の価値を高めるためには「採用」「成長支援」「マネジメント」などいくつかのアプローチがあるが、人はいくら磨いても原石以上に輝くことがないのであれば、いかに輝く原石に出会えるかは極めて重要である。

　もちろん現実はここまで単純なものではありませんが、自分の仕事は何のために存在しているのか、それによって誰がどう喜ぶのか、自分自身の仕事の意義をどのように認識しているかにより、仕事の成果や生産性は大きく変わることがあります。

「逆算」マインド

　目標を達成することを前提に、**達成するための道筋を考えていく**のが逆算マインドセットです。

　これは、何かに取り組む際に「これは難しいですね」で思考停止せずに、「難しいだろうけど、想定される課題はAとBとCなので、これらをクリアすればできるはずである」というスタンスで臨むことを指します。

　もちろん、思ったとおりに進まないことのほうが多いかもしれませんが、仕事に取り組むにあたって成功前提で考えることは、成功確率を高めてくれます。

多くの仕事で求められることは「難易度の見積もり」ではなく「クリアしていくこと」です。評論に終わらせないようにしましょう。

「実験」マインド

過去に例のないことに取り組むときは、参考になるデータや事例が得られず、挑戦を躊躇してしまうこともあるでしょう。しかし「前例がないからできない」で終わっていては、新しいことはできません。

そこで大切になるのが「実験」というマインドセットです。「やってみないとわからないじゃないですか」と言うと、まるでアホのような目で見られる職場もあるかもしれませんが、**「ここは実験してみませんか」** と言い換えてみると、不思議なことに受け入れられやすくなります。

結果として、新しいことに取り組みやすくなりますので、ぜひ活用してみてください。

2
—

思考力・判断力

「頭がいい」には4タイプある

　資本の2つめは「思考力・判断力」です。たくましい思考力や的確な判断力は、キャリアにおいて大きな強みになります。

　私は人材採用のキャリアが長いのですが、採用において求める人物像に「頭（地頭）がいい人がほしい」と挙がることが多くあります。

　それでは、頭がいいとはどういうことでしょうか。私は頭の良さには「ハイスペック」「賢人」「ロジックマスター」「クリエイター」の4タイプがあると思っています（1人が複数のタイプに当てはまる場合があります）。

「頭がいい」には4種類ある

タイプ	頭の要素	どういうことか	解への旅だとしたら
ハイスペック	頭の基本性能がいい	脳の性能（CPU・メモリ・HDD容量・OS・バッテリーなど）がいい。	進む速さ
賢人	頭の使い途がいい	考えるべきこと、解くべき「問いの設定」が妥当である。	進む方向性
ロジックマスター	アウトプットがわかりやすい	論理的に解を導き、理由や過程を説明できる。	道筋
クリエイター	頭の使い方がいい	蓄積してきた経験・知見をうまく活用できる。いわゆる創意工夫や編集力。	進み方・乗り越え方

1. ハイスペック

　第1のタイプは「ハイスペック」です。いわゆる頭の「基本性能の良さ」で、**処理スピード**に影響します。一昔前であれば、頭がいいというのはこのタイプを指すことが多かったのではないでしょうか。基本性能が高いと、答えのある問題であればより速く・より正確にたどり着くことができるので、このタイプは処理のフェーズで重宝されます。

　なお、この基本性能は10代までにベースのレベルが決まり、30代以降で高めていくことはなかなか難しいように思います。若いうちに脳を鍛錬することが重要です。

2. 賢人

　第2のタイプは「賢人」です。処理が速くても解くべき問題を間違えては意味がありません。大切なのは「適切な問い」を立てることです。解を

間違えることも避けたいところですが、問いの間違いはもっと避けたいものです。「解の前に問いが重要」です。

ハイスペックであっても、その高い性能を最大限に活かして価値あるものにするには**「頭の使い途（みち）」**が重要になります。この頭の使い途が良くないと「あの人、頭はいいはずだけど、ちょっと残念だよね……」となりかねません。

なお、いい使い途ができるかどうかは、周囲からの影響が大きいです。20代の若手社会人のうちに賢人タイプの人が周囲にいない環境で過ごしていると、適切な頭の使い途を知らないまま、その環境に染まっていってしまうこともあります。

☀ 3. ロジックマスター

第3のタイプは「ロジックマスター」です。いわゆるロジカルな人を指します。ハイスペックと一見似ていますが、ハイスペックが「処理」の力なのに対して、ロジックマスターは**「構築・分析」**を得意とします。

チームで仕事をする際には、説明責任がつきものです。「なんとなく」や「直感」だけで決断するのが難しいことも多いでしょう。また、成功確率の高い道を選ぶためにも、論理的なアプローチが必要になることがあります。そのときにロジックという武器を使えることは大切です。

ロジックというと冷たいイメージがありますが、必ずしもそうではありません。近年、リーダーには、ストーリーテリングの能力が今まで以上に求められていますが、ロジックはストーリーを下支えする「話の筋道」となります。人の納得ややる気を引き出す上でも、ロジックは役立ちます。

 **4. クリエイター**

　第4のタイプは「クリエイター」です。多くの問いは、解き方が決まっているわけではありません。自分自身の経験や世の中にある知見を組み合わせたりかけ合わせたりするなど、創意工夫してアプローチしていく必要があります。いわゆるクリエイティビティです。

　これは「基本性能（ハイスペック）」「使い途（賢人）」とはまったく違う**「使い方」**という観点です。これまでに得られた知識や経験を駆使して問題を解き、新たな価値創出をしていくタイプになります。
　これらを伸ばしていくためには、さまざまな経験や好奇心、遊び心といった「経験への開放性」が求められます。

　仕事や人生は問題や課題の連続で、長い旅路だと言えるでしょう。もしこれが「何かを解いて進んでいく旅」だとしたら、頭の良さというのは

　　ハイスペック：進む速さ
　　賢人：進む方向性
　　ロジックマスター：道筋
　　クリエイター：進み方・乗り越え方

とイメージしていただくと理解しやすいかもしれません。
　なお、「賢人」と「ロジックマスター」は周囲の人や環境の影響を受けやすいので、これらを伸ばすにはイシューの適切な設定や洗練されたロジックが求められる環境に身を置くことが重要になります。
　まだまだ先行きのわからない時代。これらを駆使して、素敵な旅をしたいものですね。

3
—

専門性・技術

専門性をスキル年表で可視化してみる

　資本の3つめは「専門性・技術」です。

　時代の変化や技術の進化によって専門性や技術の価値やニーズは変わっていくものですが、それでも資産を得ていく上で専門性や技術は心強い武器やお守りとなります。

　そのため、今の自分に備わっている専門性や技術がどれほどのものか、意識しておいたほうが良いでしょう。

　過去の自分と比べてレベルアップできているか、自社内のみで通用するものになってしまってはいないか、技術のバリエーションは増えているかなど気になることは多いですが、これらは自分の頭の中だけで考えていると見えづらいので、定期的に書き出してみることをおすすめします。

そこで活用したいのが「スキル年表」です。参考までに私のスキル年表を次のページに載せておきます。

　タテ・ヨコどちらかに「西暦や年齢」「所属企業」「当時の役割」などを記載し、もう片方には「これまでに得てきた専門性や技術」などを記載。交わったセルに、詳細を記載します。

　これは一見、職務経歴書のようですが、一般的な職務経歴書の書式よりもスキルセットの種類や経歴がわかりやすいほか、今の自分に足りないものなどを俯瞰しやすいフォーマットになっています。

　キャリアについて考えがまとまらなかったり、キャリアの相談を知人や人材紹介会社としたりする際には、このようなものがあると便利です。このフォーマットは特典としてダウンロードできるようにしていますので、ぜひ作成してみてください（13ページ参照）。

スキル年表の例

No	期間	社名・活動名	役割・業務など	人事実務経験	人材・組織に関する知見や理論	
1	1999-	ナムコ	ゲームセンターの運営			
2	2000-	リクルート	リクナビの学生会員獲得、マーケティング		GCDF取得を通じたキャリア系理論	
3	2004-	リクルートメディアコミュニケーションズ	求人広告の制作ディレクター			
			新卒採用活動のリード	新卒採用		
4	2010-	ドリコム	人事総務マネージャー	評価・採用	人事全般(広く浅く)、ベンチャー企業の土地勘	
-	2011-	早稲田大学大学院(MBA)	大学院生(夜間/アマゾンジャパンで働きながら)		人材・組織系の理論	
5	2011-	アマゾンジャパン	中途採用企画・分析	中途採用の企画・分析		
			採用実務	アルバイト・障がい者採用	ジョブ型、グローバル企業の土地勘	
			採用ブランディング	採用ブランディング		
			人事マネージャー	採用・人事の重要イシュー		
6	2014-	プライスウォーターハウスクーパース	中途採用マネージャー	中途採用の企画・分析、リクルーター	プロフェッショナルファーム文化の土地勘	
7	2015-	アイ・キュー(日本の人事部)	「HRアカデミー」立ち上げ		講師企業23社の人事の取り組み	
			「日本の人事部 HRテクノロジー」立ち上げ		AIなどの基礎知識	
8	2017-	LINE	人材支援室 副室長(ほか2チームのMgr兼務)	採用/育成/BPの支援、メンバー採用	Tech企業の土地勘	
			採用強化のリード	採用組織の強化		
			報酬設計	業績連動型賞与の検討		
			人材開発(マネジメント層)のリード	ミドルMgr育成体系構築	マネジメント系理論各種	
			サクセッションプランニングのリード	人材開発会議の企画・運営		
1	2021-	採用を体系的に学ぶ会	企画・運営・受講者対応など全て		参加各社の採用活動の実例	
2	2021-	情報経営イノベーション専門職大学	特任教授(「組織行動論」11コマ「人的資源管理論」4コマ)		組織行動論の基礎知識	

組織マネジメント・ピープルマネジメント	プロジェクトマネジメント	HRパーソンのネットワーク	サービス企画・立ち上げ	数字を追う
				ヨミ表を追いかける毎日
				採用成果への責任
傘下メンバー3名				
				採用成果のへ責任
	多数のPjtをリード、プロマネ			
				各種KPI追求
傘下メンバー約7名				
傘下メンバー約8名				採用成果への責任
		おもに人事エグゼクティブ	人事向け勉強会の立ち上げ	各種KPI追求
			HR Techメディアの編集長	
Tech企業の土地勘 傘下メンバー約40-50名				
	採用強化Pjtのリード			採用成果への責任
	リード、プロマネ			各種KPI追求
	リード、プロマネ			
		受講者累計250名	サービス企画 プログラム作成	
			15コマ分のプログラム作成	

専門性には2種類ある

　なお、専門性には「分野の専門性」と「社内の専門性」の2種類があります。先ほど「自社内のみで通用するものになっていないか」と書きましたが、自分が所属している組織に精通していたり、社内に対して影響力を発揮できたりしているのであれば、それも立派な強みになることがあります。

 分野の専門性

　一般的にイメージしやすいのは「分野の専門性」です。私は人事系のキャリアが中心ですが、人事と一口に言っても職務は細分化されており、労務 / 人事制度 / 採用 / ペイロール / People Analytics / 人材開発 / 組織開発 / ヘルスケアなど、それぞれ異なる専門性が求められます。

　ただし、これらの専門性を身につけていれば価値を発揮できるかというと、そうでもありません。人事部として社内の現場や事業の役に立つためには「社内の専門性」が必要となります。

社内の専門性

　現場・事業に対する理解 / 社内の暗黙知 / 社内人脈 / これまでの歴史 / Who knows what（知りたいことについて詳しい人は誰か）などを踏まえないと空回りすることもあります。

　鳴り物入りで転職してきたプロフェッショナルが、社内への理解が十分でないまま現場の声を聴かずにプロジェクトを推進しても、空回りしたり社内の反発を招いたりして、失敗してしまうことは珍しくありません。いくら腕のいい料理人であっても、相手の好みや文化的な背景など（＝ 社内の専門性）を理解しないと価値ある仕事はできないわけです。

専門性には2種類ある

これらの個人内でのバランスや、チーム内での補完が重要

仕組みや
ツールを
作る上で
重要となる

分野
の専門性

社内
の専門性

部門対応や
信頼構築や
調整の際に
重要となる

労務、人事制度、採用、
ペイロール、PA、人材開発、
組織開発、ヘルスケア など

現場・事業理解、社内の暗黙知、
社内人脈、これまでの歴史、
Who knows what など

2つの専門性の比較

	分野の専門性 （名前のある専門性）	社内の専門性 （名前のない専門性）
どのようなものか？	WEBデザイン、人材開発、会計、〇〇エンジニア、〇〇コンサルタント、カウンセリングなど、専門領域に名前がついているもの	現場・事業に対する理解／社内の暗黙知／社内人脈／これまでの社内の歴史／Who knows what（知りたいことに詳しい人は誰か）
複製性は？	同様の専門性を持つ人が珍しくない場合がある	複製が難しく、身につくには時間がかかる場合が多い
汎用性は？	転職した際に新しい現場でも発揮しやすい場合がある	転職により失われる（似たような社風では活かされることもある）
耐久性は？	社会の変化やテクノロジーの進化により、陳腐化することがある	会社の変化や倒産などにより、価値を失うことがある

専門性の補い方

　もし、あなたが「今の会社でしか仕事をしたことがなく、自分にはこれといった専門性がない」と感じていたとしても、書籍やテキストでは得られない貴重な「社内の専門性」が身についていることもあります。

　一見、分野の専門性のほうが立派で有用なように見えますが、実務においては「分野の専門性」と「社内の専門性」の両方を組み合わせる必要がありますので、必要以上に引け目を感じなくても大丈夫です。

　ただし、「分野の専門性」があまりに不足してしまっていると、現場のリクエストに過剰に対応してしまい、リクエストに違和感を感じたときに現場と十分にディスカッションできず、アクセルの補助にはなるもののブレーキや方向転換が難しいことがあります。そのような場合は分野の専門性を身につけていくことが大切になります。

コアスキルとレバレッジスキル

　また、スキルには「コアスキル」と「レバレッジスキル」という概念があります。コアスキルとは先に述べた「分野の専門性」に当たるものです。一方、レバレッジスキルというのは**「サブの武器として活用することで、よりコアスキルの価値を高められるスキル」**のことです。

　レバレッジスキルとしてわかりやすいのは「語学力」です。語学力はメインの武器（コアスキル）として使おうとすると「通訳」「翻訳」などに限定されやすくなります。

　これらの業務はそれ以降のキャリアの拡がりが難しいことがあり、年収も限定的となってしまうことがあります（それでもやりがいを感じられて

いれば問題ないかと思いますが)。

　しかし、語学力はサブの武器として使うと強いものとなります。強力な
レバレッジスキルです。
　たとえば、「コアスキル：人事」×「サブスキル：語学」ですと、同じ人
事の仕事であっても外資系企業やグローバルな場で働く機会が得られやす
くなり、年収ベースだと30代で300万円くらいの差がつくこともあり得
ます。供給が圧倒的に少ない優秀なエンジニアやコンサルタントであれば
尚のことです。

　海外生活経験や留学経験があると、キャリア選択の際につい「英語力を
活かしたい」という発想になりがちですが、これまで培ってきた語学力を
超えるほどのメイン武器（コアスキル）をキャリアの中で身につけていけ
ると、より価値を発揮できるようになることでしょう。

私たちの能力には「発動条件」がある

　専門性を発揮する上で、もうひとつ知っておきたいことがあります。そ
れは、**専門性が高く優秀な人であっても、環境が変わったら今までのよう
に優秀でいられるとも限らない**ということです。なぜなら、私たちの能力
には「発動条件」があるからです。

　これは私自身も経験したことですが、自分自身の専門性や能力を存分に
発揮できた職場もあれば、あまり発揮できなかった職場もありました。
　同じ人間なのに、保有している能力は変わっていないはずなのに、優秀
な自分と、そうでない自分がいる。

万能の優秀さは存在しない

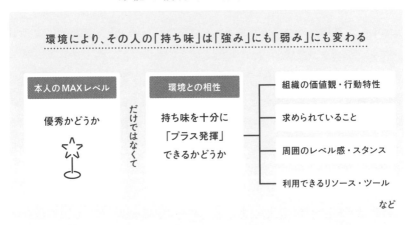

ここから気づいたのは **「万能の優秀さ」は存在しない** ということです。

　私たちが持っているのは、あくまでも「持ち味」であり、それがプラスに発揮できる職場であれば「強み」に変わるし、できなければ「弱み」に変わることもあります。

　たとえば「時間をかけてでも精緻なプランを立案する」ことが重視される職場で活躍していたＡさんが、転職して「あまり時間をかけずに、まずはコア部分の最低限のプランを考えて、素早く前進させる」ことを良しとする組織で働くと、最初は大きく戸惑うことでしょう。

　このようなギャップが存在する場合、仕事の進め方のチューニングや適応が必要になりますが、チューニングが長引くと焦りが生まれやすくなり、悪循環に陥りがちです。

また、「優秀な部下を支援することで」「社内の潤沢なリソースを活用することで」成果を出せていたという場合は、新たな職場でそれらに恵まれないと同様の成果を出せなくなることもあります。

つまりは、私たちの能力には「発動条件」があり、専門性・技術力・強みなどは絶対的なものとして存在するわけではなく、環境との組み合わせや相性などに大きく影響を受けるわけです。

個人と組織、それぞれにできること

それでは、持ち味を強みとして活かしていくためには個人と組織、それぞれ何ができるでしょうか。次のページの図のように整理してみました。個人は組織だけのせいにせず、組織は個人だけのせいにせず、双方の努力が必要になります。

個人にできることとして何よりも大切なのは「自分の能力には発動条件がある」という事実を認識すること、まずはここからです。

今まで自分が専門性や技術力を強みとして発揮できていたのは職場や環境、周囲の人たちのサポートのおかげであったと、それらとの相互作用としての強みであったと自覚することが第一歩になるでしょう。

また環境が変わった際には、新たな環境で成果を出すためにチューニングが必要となりますが、過去の経験が足を引っ張ることもあります。そのようなときは、**意図的にアンラーン（unlearn / 学びほぐし）していく**ことが求められます。どのようにチューニングしていけばいいか、新しい組織の人たちに相談していく姿勢も必要となるでしょう。

個人と組織、それぞれにできること

例）中途入社してきた場合

個人	組織
●適応・チューニングが必要な点を理解する ●過去に固執せず、必要に応じてアンラーンする ●自分が大切にしている考え方や仕事の進め方を周囲と対話し、最適解を探す努力をする	●発揮支援を行う（入社時のオンボーディングなど） ●本人と対話し、持ち味を把握する ●チューニングしていくべき点を本人と対話する ●本人の持ち味を強みにできるようにアサインする
●遠慮してしまい、必要なサポートを求めない ●「こんな環境はおかしい」と他責に走る ●「自分はこんなに仕事ができなかったのか」と過剰に落ち込む	●選考時にその人が能力発揮できる条件を考えない ●「中途入社で経験者ならできるはず」と放置する ●「うちの会社はこうだから」と突き放す ●「期待違いだった」と早々に見切りをつける

「転職したばかりだから、まずは自分は優秀で使える人材だと自分をアピールしたい」など変なプライドを持ち出して、アンラーンや相談ができずにいると、やがて詰みます。新たな職場で意気込む気持ちもあるかもしれませんが、ここはグッとこらえましょう。

一方、組織には何ができるでしょうか。それは**「発揮支援」**と**「適材適所」**の2本柱になります。

「発揮支援」とは、**強みの発揮を邪魔している原因を取り除く**ことです。もし本人が期待するように動けていない場合は、その原因や本人の考えなどを対話によって確認します。

先述のように転職直後の人は意気込んでしまったり、優秀だと思われたいという気持ちがはたらき、自分からヘルプ信号を出しづらい状態になっていることもあります。

そして、業務をサポートしていくと同時に、本人がチューニングしてい

くべき点について、第三者目線で親身にフィードバックすることです。ただダメな理由を突きつけるのではなく、本人が本来の持ち味を発揮して成果を出すためという観点でフィードバックしましょう。

　もう1点の「適材適所」は、すでに広く使われている言葉ですが、ここでは**「その人の持ち味が強みとして活かせるような業務を担当してもらうこと、異動・配置させること」**を指します。

　「経験者ならできるはず」「何か困ったことがあったら言ってきてくれるはず」と何の支援もせずに放置したり、「うちの会社はこうだから」と突き放したり、「期待違いだった」と早々に見切りをつけることは、解決策にはなりません。
　個々人の持ち味を強みとして発揮してもらい、人と組織・事業の成長を実現していく上では、あくまでも双方の努力が必要になります。

4
—

実績・信頼・評価

実績は定期的に整理しておく

資本の4つめは「実績・信頼・評価」です。

一緒に働く同僚やクライアントからすると、一緒に仕事をしたことがないうちは、あなたがどれだけの力量がある人なのか、働きやすい相手かなど、参考にできる材料がありません。

そのために実績や信頼や評価が必要となることがあります。業務に懸命に取り組むことで実績ができ、それらが積み重なることで信頼や評価、評判へとつながっていきます。

なお、自分の評判を実態以上によく見せようとする人もいますが、それはおすすめしません。これまでの仕事ぶりは周囲の人や過去の同僚から簡単に確認できてしまう時代です。嘘はすぐばれますし、嘘をついていたこ

と自体が大幅な信頼低下につながりますので、代償が大きすぎます。実直にいきましょう。

　ただ、実績というのは忘れやすいものです。これまでの転職活動で職務経歴書を作成する機会があった人はおわかりかと思いますが、昔の仕事の内容や成果などはなかなか思い出せないことがあります。

　そこでおすすめしたいのは、転職活動をしなかったとしても**「半年〜1年に1回くらいは職務経歴書を更新していく」**ことです。記憶が失われないうちに作成する必要がありますので、数年に一度ではなく、これくらいのスパンがちょうどよいかと思います。

STAR形式で整理する

　職務経歴書のほかにおすすめしたいのが、**「STAR」**の形式でまとめることです。STARとは、「状況 Situation」「課題 Task」「行動 Action」「結果 Results」の頭文字のことです。

　企業によってはこのSTARの視点で掘り下げる「STAR面接」を行うところもあります。私がかつて採用業務を担当していたアマゾンでは、採用候補者に以下のように採用ページ上で説明しています。

　　＊ ＊ ＊

状況（Situation）

　あなたが今置かれている状況、または達成する必要のあるタスクについて説明します。複雑な状況が面接官に伝わるように、十分な詳細を述べま

す。

課題（Task）

どんな目標に向かっていましたか？

行動（Action）

その状況に対してあなたがどのような行動をしたか、あなたに焦点を当て、適切な量の詳細を含みながら説明します。

具体的にどのようなステップを踏みましたか？ どんな貢献をしましたか？ プロジェクトについて話すとき、チームやグループが行ったことを説明しないように注意します。

あなたが実際に何をしたかを我々に教えてください。行動を説明するときは、「私たち」ではなく「私」を使用します。

結果（Results）

あなたの行動の結果を説明します。あなたのふるまいを自分の手柄にすることに躊躇しないでください。

何が起こりましたか？ どのようにイベントが終わりを迎えましたか？ 何を達成しましたか？ 何を学びましたか？

該当する場合は、指標またはデータを使用した例を提供します。

＊＊＊

なお、STAR面接を実施する企業はアマゾン以外にも多くありますので、自分のキャリアについてSTARでまとめておくことは無駄にはならないでしょう。

その際に利用できるのが、120ページのような**STARシート**です。

　参考までに、私のこれまでの業務のうち一部を例としてまとめてみました。私の場合、複数社で採用業務に取り組んできて、さまざまな課題に対応してきましたので、採用系のキャリアは以下の観点でまとめています。

　　どの企業で
　　どういう状況で（S）
　　何の課題に対して（T）
　　どういう取り組みをして（A）
　　どういう成果だったか（R）

　これにより、自身のキャリアの振り返りに役立つだけでなく、もし転職活動をするのであれば、人材紹介会社のキャリアアドバイザーや応募企業の採用担当者に自分自身を知ってもらう上で、効果的なものになることでしょう。

　もちろん、その企業が選考プロセスにおいてSTAR面接をするのであれば、常に整理しておくことは事前準備の短縮にもなります。

　このシートも特典としてダウンロードできますので、ぜひご自身の実績をSTAR形式で整理してみてください。

STARシートの例

0→1　企画・立ち上げ・設計など

企業	課題	状況・問題	打ち手	結果・成果
A社	インターンの立ち上げ	本採用のみだと学生との関係性を構築していく時間が十分に確保できず、早期から接点を持つ必要があった。	A社初となるインターンシップを新たに企画・運用。	◎ インターン経由で半数以上の内定者が入社。面接評価の数値も向上。
A社	ターゲットへの効果的な訴求	A社にマッチしづらい「大手広告会社志向」の学生からのエントリーが多かった。	多くの現場社員と話し合い、自社ならではの価値を言語化し、代理店と差別化。	◎ 大手代理店志向の学生からのエントリー併願比率が減少。内定応諾率の向上。
B社	MBAホルダーの採用強化	経営幹部候補としてMBAホルダーの採用を強化する必要があったが、海外MBA出身者だけでは不足していた。	国内MBAをローテーションプログラムの対象とするよう、日本のfactやデータをもとにGHQに提案。	○ 国内4校のMBAをローテーションプログラム対象とすることに成功。2年間で6名を採用。
B社	メンター制度の新設	新規入社者のフォローが十分でなく、早期離職を招くことがあった。また職場への不満が続出していた。	メンターの風習がなかったため、メンター制度（1on1）を企画および運用。	◎ 1on1実施率95%。入社3ヶ月目アンケートにおける満足度が向上。既存社員のサーベイ結果の向上。
C社	大量採用の実現	私が入社するタイミングで、採用規模が昨年比1.55倍に大きく跳ね上がった（昨年実績●●●名は未達→計画●●●名）。	エージェント以外に、ダイレクト（新規）、リファラル（刷新）、リテーナー（標準化）を強化。	◎ 年間採用目標数の達成。

1→10　フォーマット化・業務フロー化

企業	課題	状況・問題	打ち手	結果・成果
B社	スカウトチームの新設	採用充足の為、それまで属人的にしていたスカウトを組織として強化する必要があった。	Linked Inおよびビズリーチの利用を開始。ソーサーを採用し、スカウトチームを新設。	○ スカウト初年度でマネージャー以上のポジションを10名を採用。
D社	採用のナレッジ化	いい人材が採用できていなかった為、自身のナレッジを共有し、採用レベルを向上させる必要があった。	ナレッジをパワポ20枚程度で整理し、その内容を元にレクチャーおよびシャドウイングを行った。	△ 道半ば。当たり前行動が実践できるくらいにはなってきた。

10→100　拡大・難しい状況を打破

企業	課題	状況・問題	打ち手	結果・成果
A社	内定応諾率向上	A評価の内定者ほど辞退する状態。全体的には応諾率7割程度であったが、A評価は50%未満であった。	インターンによる接触期間・接触回数の増加（→早期察知）。メッセージコンセプト改定による、競争優位の確立。	◎ 内定応諾率は全体で80%に向上。A評価も80%に向上。
B社	契約社員の待遇改善	契約社員の応募が年々低減していた。理由は待遇の悪さであったが、認知不足でないことを検証する必要があった。	ほぼ全世帯にあたる●●市内38万世帯・●●市内90万世帯に、求人チラシのポスティングを実施。	○ 効果は悪かったが、認知不足が問題ではないことが分かり、HRBPと待遇改善の議論を進めることができた。

5
——

人脈

人脈＝「応援」

　資本の５つめは「人脈」です。豊かな人脈があると、何かを始めようとするときに支援や助けが得られたり、応援してもらえたりすることがあります。ただし、人脈といっても、単に顔が広ければいいというわけではありません。いくつか押さえておきたいポイントがあります。

　私は2023年現在、47歳で美大受験にチャレンジしており、美大受験の準備として美術予備校に通っています。47歳ともなると美術予備校への入学の許可を得るハードルが高かったのですが、これにはさまざまな方から応援をいただきました。

　「美術予備校に通いましょう。有力校としてはこれらの学校があり、美術予備校では毎日こういうことをします。面談の機会をいただけたのな

ら、こういうことを伝えましょう」「美大出身で美術予備校での講師経験があります。よかったら家庭教師しましょうか」「○○美術大学で教員をしていました。お力になれそうなことがあったら言ってください」といった、温かい言葉やお申し出に助けられました。

人脈というと、「ネットワーク」「ギブ＆テイク」のように、ビジネス的でややもするとドライなイメージを伴いますが、その本質は「応援」です。自分の熱やエネルギーを分け与えることです。

それでは、応援が生まれる条件は何でしょうか。私は以下の３つだと思います。

1. 嘘がないこと

人は裏切られたくありません。これは応援する立場になると理解しやすいかと思いますが、自分が応援する相手に嘘があるとしらけてしまいます。まずは自身が真摯に、謙虚に取り組む姿勢から応援は生まれます。

2. わかりやすいこと

よくわからない存在に対して、応援はしづらいものです。自己開示をすることは勇気の要るものですが、それにより周囲の人に熱が伝わっていきます。「わかられやすさ」は大切です。

3. 一生懸命であること

応援する側としては、ガッカリしたくないものです。このガッカリというのは結果に対してではなく、「応援したけどあの人は本気じゃなかった」「期待していたのに逃げた」といった姿勢に対するガッカリです。

応 援 が 生 ま れ る 条 件

条件1 嘘がないこと

条件2 わかりやすいこと

条件3 一生懸命であること

　このように書くと「自分は応援されるような存在にはなれない」と感じる人もいるかもしれませんが、そうでもありません。

　人の心理には**「返報性の原理」**があります。応援してもらった相手には、自分も応援したいという気持ちがはたらきやすくなります。

　基本スタンスとして普段から周囲の人を応援している人は、いざとなったときに周囲から応援を得られやすいのではないでしょうか。

　なお、「会社とセットになっている実利的な人脈」は、転職後・リタイア後に失われやすいので注意が必要です。

　「○○会社のＡさん」「仕事で活用できる相手組織の人」ではなく、個人として応援を受けられるような付き合いが大切になるでしょう。

6
—

お金

年収はどう決まるか?

　お金は、自己投資や新たなチャレンジの軍資金として必要になることがあります。第5章の資産にある「時間的・金銭的な余裕」は最終的な豊かさを感じられる価値としてのお金を指しますが、資本における「お金」は手段としてのお金になります。

　さて、ここで質問です。自分の年収がどのようにして決まるか、その構造を、あなたはしっかりと理解できているでしょうか?

　まず理解しておきたいのは、雇用されている場合の給与額は**「1. 利益率 > 2. 需給バランス > 3. 経営の意思 > 4. パフォーマンス の順で決まる」**ということです。図でまとめると、次のようになります。

給与額を決める4つの要素

1 利益率
（業種の差）

利益率が高い業種は給与も高くなる傾向。

▶ 利益率が高い例：金融・コンサル・製薬など
　低い例：飲食・小売など

▼

2 需給バランス
（職種の差）

供給の少ない士業や専門職は高給とりの傾向。

▶ 人材獲得難易度が高い例：会計士・エンジニア
　低い例：旅行・アニメ

▼

3 経営の意思
（会社の差）

会社ごとに評価制度や報酬ポリシーが決まる。

▶ ここは必ずしも合理的とは限らない。
　会社の色が出やすい部分。

▼

4 パフォーマンス
（個人の差）

成果が人により差が出やすいと、給与差も大きい。

▶ 差が出やすい例：高度な技術者・プロ経営者
　出にくい例：ライン工

左の図を元に、ひとつずつ見ていきましょう。

💡 利益率（業種の差）＝「支払えるかどうか」

仮にあなたが会社員として「30歳までに年収1000万円」を目標にするのであれば、まずそれを実現できる業種を選ぶ必要があります。

業種ごとに収益性や利益率の水準は大きく異なっており、それらが給与に与える影響は少なくありません。

収益性が低い会社でいくら高い評価を得ても、得られる年収には限界があります。個人のパフォーマンス（個人の差）よりも、まず業種の差が大きいということを理解しておきましょう。

💡 需給バランス（職種の差）＝「支払う必要があるかどうか」

職種によって採用する際の難易度は大きく異なります。

たとえば2023年3月の求人倍率は2.25倍（doda調べ）。これは1人あたりの求人数が平均で2.25件あるという状態を示しています。ただしこれは全職種の平均値であり、職種ごとの数値は「エンジニア（IT・通信）10.33倍」「専門職（コンサル・金融）6.43倍」と、職種により大きく異なっています。

事実、インターネット業界であれば、どの会社もエンジニア採用は大きな課題となっており、コンサルタントや会計士やアクチュアリーのようなプロフェッショナルの供給は十分でなく（＝採用が難しい）、これらの職種が高給であることの要因になっていることは間違いありません。

一方で、61ページでも書いたように「人気の仕事・やりたい人たちが多くいる仕事」というのは、企業からすると「高い給与を払わなくても仕事をしてくれる」「報酬に不満があって辞められてもすぐに別の人を採用できる」と見なされがちなので、自ずと給与は低くなります。

　いわゆる「やりがい搾取」状態にならないように気をつけなければなりません。

経営の意思（会社の差）＝「支払いたいかどうか」

　業種や職種が同じであったとしても、所属する会社によって給与に差が出ます。ここは会社の評価制度・給与制度や経営者の感覚によって変わる部分です。

　たとえば、大企業の中には「自社の従業員の給与は、同職種の給与相場の上位25%以内になるようにする」というポリシーを掲げている企業もあります。

　またオーナー企業・非上場の中小企業などでは経営者の意思を反映させやすくなりますので、上層部は意外と高給ということもあります。

パフォーマンス（個人の差）＝「支払うべき人は誰か」

　最後にやっと登場するのが「個人の差」です。

　クリエイティビティが求められる高いレベルの技術者などは、同じ職種の人たちの数倍〜数百倍の価値を生み出せることもあるので、発揮できている価値と報酬は連動しやすくなります。

　一方で、工場のライン工のように個々人の差がそこまで大きく出づらい（出てはいけない）職務の場合は、給与の変動も期待しづらくなります。

　お金がすべてではありませんが、もしあなたがキャリアにおいてお金を

重視する場合は、これらのことを踏まえて業種・職種・企業を考える必要
があります。

「経験を買う」という考え方

　私はこれまで中途採用で幾度も面接をしていますが、その中には「転職
時に年収を一切下げたくない」と言う人がたまにいます。

　お金は重要なので気持ちはわかりますが、実はこの考え方が、キャリア
上のリスクになることもあります。**「キャリアのリッチな袋小路」**と言い
ます。

　キャリアは「詰まない」ことが大事ですが、お金に固執すると詰みかね
ません。

　もちろん、お金は大切なので安易に下げていいわけではないですが、次
のページの図のようなことも起こり得ます。

　たとえば、40代まで年収上限が高い国内優良企業（図にある中央の山）
で働いてきて、部長クラスにまで昇進してきた人がいたとします。

　あるとき、ふと足を止めて見上げてみると、執行役員や取締役が数年間
も変わらない顔ぶれで並んでおり、自社内で今の位置から上に行こうとし
ても、数年は足踏みすることになってしまう。

　このことに気づいたとき、まるで自分のキャリアが袋小路に追い詰めら
れたように感じることもあります。

　今の位置から、さらに年収の高い外資系企業（図にある右の山）に行こ
うとしても、英語力・グローバル経験などが不足していて移れない。

キャリアのリッチな袋小路問題

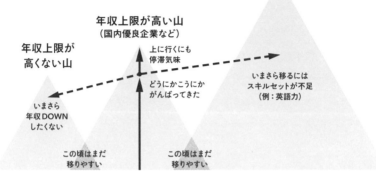

　ポジションをアップさせる、たとえば部長クラスから経営層・執行役員以上になるために今よりも規模の小さい企業（図にある左の山）を選んだら、年収がダウンする。

　このようなときに自身の年収キープにこだわりすぎると、新たな脱皮のチャンスを逃すことにもなりかねません。

　私自身もこれまでに何回か転職をしてきましたが、そのうちの数回は年収を下げての転職でした。
　その代わり、それまでの環境では得られなかった経験や機会を得て、自分の発揮できる価値を高めるという狙いがありました。言ってみれば下がる分の年収の対価として経験を、そしてそこから得られる成長を買っていました。

「一旦年収は下げたとしても、その代わり現職では得られないような機

会や成長を得て、それ以降の年収やキャリアの充実度を高めていく」とい
う考え方も、キャリアで詰まないようにする上では大切なのではないで
しょうか。

「資本」についてのセルフチェック

これからもキャリアは続きますので、すべてにおいて満足のいくこたえでなくてもかまいません。まずは現在地点を確認してみましょう。

問い	今のこたえ
1. マインドセット ・周囲に見習いたくなるようなマインドセットの持ち主はいますか？ ・その人から学びとり実践できそうなことは何ですか？	
2. 思考力・判断力 ・思考することに1ヶ月で何時間使っていますか？（※ここでいう思考とは単に頭の中でグルグルさせることではなく、書き出すことを意味します） ・能動的な判断をしていますか？	
3. 専門性・技術 ・自分は何屋ですか？ ・今後は何を身につけていきたいですか？	

問い	今のこたえ
4. 実績・信頼・評価 ・これまでのキャリアの中で代表作と呼べるような取り組みや実績はありますか? ・直近3年以内の自信作はありますか? ・自分が他の人に紹介されるとき、どのような言葉で紹介されると思いますか?	
5. 人脈 ・何かに取り組むときに、言葉だけではなく動いてまで応援してくれる人はどれだけいますか? ・今の組織を離れても、応援してくれる人は誰ですか?	
6. お金 ・給与はいくらあればOKラインですか? ・なぜその金額なのですか?	

第 5 章

資産

働く理由となりうる価値

① 資格 を得て	② 資源 を元に	③ 資質 を活かして	④ 資本 に変えて	⑤ 資産 を蓄積する
やりたいことへの挑戦権	資本の元となる時限的リソース	資源を有効活用するための持ち味	資産を得ていくための強み	働く理由となりうる価値
関心の幅	仕事に使える時間	好き嫌い	マインドセット	相互信頼とつながり
自己理解	体力	得手不得手	思考力・判断力	金銭的な余裕
企業理解・職種理解	頭のはたらき	原動力	専門性・技術	人や社会への貢献実感
意思決定	新鮮な気持ち	成長する力	実績・信頼・評価	自分なりに感じる価値
自己効力感			人脈	いい思い出
			お金	

本書では、資産を「働く理由となりうる価値」と定義します。仕事をしていると辛くなったり苦しくなったりすることもありますが、資産はそれでも前を向いて頑張れる理由となってくれるものです。

　いつか仕事を終えたその後も、人生は続きます。仮に65歳まで働いたとして100歳まで生きられるとしたら、残りは35年間。これからも続く人生に希望を持てているか、安心感を持っているか。単に長生きできれば良いわけではありませんが、本人が「もっと長く生きていたい」と思えるような希望を持てていたら、それは素晴らしいことだと思います。絶望と不安に追われながら余生を過ごすことを望む人はいないでしょう。先の人生への希望と安心感は大切です。

　それでは、希望/絶望、安心/不安に影響をもたらすものは何でしょうか。私は「人とのつながり」「豊かさ」だと思います。老後も健やかでいられるように健康を管理していくのはもちろんですが、金銭面で不安な思いをしないようにしておく、これまでのキャリアでつながっていた人たちと疎遠にならないように実りのある関係性を築いておく。このようにキャリアを歩んでいけたら、満足度の高いキャリアになるのではないでしょうか。

　なお、若いうちは特に「成長」や「市場価値の向上」を働く理由として挙げる方もいるかと思いますが、それはあくまでも資産を得るための手段でしかありません。何のために「成長」「市場価値の向上」をしていくのか、資産はその解となるものを指します。

　「今の自分はこれらについてどういう状態だろう？」「得たいものは得られているだろうか？」など考えながら読み進めてください。

1

相互信頼とつながり

「量」よりも、まずは「質」

　資産の1つめは「相互信頼とつながり」です。これは単にアドレス帳に人数がたくさんいる、SNSのフォロワーが多いといったことではありません。大切なのは、**信頼・つながりの「質」**です。「お互いに信頼していて、つながっていることに喜びを感じられる人」がいること、これが本書における「相互信頼とつながり」です。

　これがないと、人を疑うことにエネルギーを使ったり、世の中に対して前向きでいられなくなったりします。

「手段」ではなく「最終価値」

　また、これは活用・有用性を前提とした手段としてのつながりではなく、

ただそれ自体で心が満たされるものとなります。仕事を通じて得られたものだけでなく、それまでに仕事をしながら築きあげてきた家族・親戚といった関係性も（円満であれば）含んで良いでしょう。

　一部の人を除き、人は孤独では生きられません。一人の時間を大切にしている人もいるでしょうが、一人でいることと孤独とはまた別のものです。
　多くの人は「意味のある」つながりを求めているのではないでしょうか。何のために私たちは働くのか、「相互信頼とつながり」はその十分な理由になりうるものです。

「相互信頼とつながり」を得るためにできること

　相互信頼は読んで字のごとく「相互」に「信頼」することです。キャリアを積んでいく中で相互信頼を得るためには、4つの要素を意識して行動することが欠かせません。それは「1. 人間性」「2. 一貫性」「3. 真正性」「4. 返報性」です。

　「人間性」「一貫性」「真正性」の3つは私の恩師である杉浦正和先生（早稲田大学ビジネススクール教授）の著書『入社10年分のリーダー学が3時間で学べる』（日経BP社）において、リーダーの中にある影響力をもたらす源泉として紹介されているものですが、私はこれをリーダーに限らず、人が信頼を得る上での重要な要素であると捉え、拝借しました。そして、そこに「4. 返報性」を加えました。

 1. 人間性

　人間性は曖昧で定義の難しいものですが、「人としての温かみ」「人としての器」のようなものだと、ここでは定義します。

相手の存在を許容・尊重する（否定しない）ことは信頼を築く第一歩となります。

2. 一貫性

人間である以上「変化」はつきものですが、それでも言うことがコロコロ変わっている人は信頼を得られにくいものです。

相手としてもそのような不安定でブレてしまう人を信頼するのは心理的負荷が高いので、一貫性は信頼を得る上で重要な要素となります。

3. 真正性

人間は偽物を信じたくありません。「言っていることとやっていることの一致」「裏表のなさ」は信頼のベースとなります。

4. 返報性

1～3に加え、「相互」に信頼する上で心に留めておきたいのが「4.返報性」です。これは、「人は自分がされたように（良くも悪くも）お返しする」という心のはたらきのことです。

この返報性に基づいて考えると、自分から相手を信頼することが、相手からの信頼を得る要素になります。

「自分を信頼していない人を信頼する」という気持ちには、なかなかなりづらいものです。「まずは自分から相手を信頼する」ということは勇気が要ることかもしれませんが、その姿勢は相手に伝わります。

キャリアを通じて多くの人たちに出会う中で、相互信頼に足る人を見つけ、つながりを保つことができたら、それは充実したキャリアだったと言えるのではないでしょうか。

2
―

金銭的な余裕

豊かになるとは、選択肢が増えていくこと

「資産」の2つめは「金銭的な余裕」、いわゆる豊かさです。

それでは、豊かであるとはどういうことでしょうか。

豊かになるとは「選択肢が増えていくこと」です。

お金があればいろいろなものが買えたり、サービスを利用できたりするようになります。これは、お金が増えていくことで、「お金で得られる選択肢」が増えていくということです。

「幸せはお金では買えない」という考え方もありますが、**「幸せを維持するためには適度なお金が必要」**となることもまた事実。お金があることで回避できる悲しみや悔しさもあります。

3つの豊かさ

1	2	3
金銭的な 豊かさ	使える時間の 豊かさ	精神的な 豊かさ

　金銭的な余裕を実感するためにはお金そのものの他に、「使える時間の豊かさ」「精神的な豊かさ」も必要になってきます。

　「使える時間の豊かさ」はやりたいことをする上での選択肢を広げてくれます。

　行ってみたい場所や会いたい人、挑戦してみたい趣味など、何かをするためには、時間がかかります。お金だけ持っていても、自分がやりたいことに費やせる時間がなければ、充足感を抱くのは難しいでしょう。

　加えて、**「精神的な豊かさ」**とは、多くの物事に触れる中でいろいろなものや考え方の良さがわかるようになり、自分自身の中で「これもあり」と捉えられるものが増えていくことです。

　このような捉え方は自分の人生により多くの喜びをもたらしてくれることになるでしょう。

どう転んでも「これもありだな」と楽しめる人は不幸になりづらく、豊かな人生を送りやすいと言えるのではないでしょうか。

「豊か」＝「幸せ」か?

ここで注意しておきたいのは「豊か」だからといって「幸せ」とは限らないということです。

お金があっても、自分の幸福度アップにつながるような使い方ができていなかったり、お金を使って楽しむ時間がなかったり、時間があっても惰性でなんとなく過ごしているだけでは幸せとは言えません。

プライベートでも、モテモテ（付き合える人の選択肢が豊富）だった人がその後の人生で幸せな結婚生活を送れていないことも珍しくはありません。

これはなぜかというと、**選択肢が多いこと（豊かさ）と、良い選択ができること（幸せにおける重要な要素）は別**だからです。

もちろん、選択肢が多いほうがより良い選択肢が含まれている可能性が高そうではあるのですが、良い選択ができなければ意味がありません。

逆に、選択肢がそれほど多くなくても、自分にマッチした相手や生活に出会えている人もいます。

必要なお金を計算してみる

「金銭的な余裕」は、もちろんお金から生まれます。お金がもっとほしい、転職で給料UPを実現したいと思う人は多いでしょう。ただし、お金

で大切なのは**「自分が望む生活をするためには、いくら必要か」**ということ。この問いに明確に答えられる人は、実はあまり多くありません。

　お金が十分にない若いうちは「あればあるほど嬉しい」となるのは自然なことです。しかし、生活の基盤ができて金銭面の不安が以前ほどなくなってきたら、この問いが重要になってきます。

　いつまで経っても「足りない」と思い続けるのは大変ですが、もし「設定した金額に対して、今はこれくらい稼げているからOK」という目処をつけられたら、安心感にもつながります。

　お金の特徴は「数値で表せる」ことです。幸福感や生きがいといったものは数値では表しづらいですが、お金は可能です。
　私も65歳まで働き100歳まで生きると仮定した場合、毎年の年収がどれくらいあれば安全圏でいられそうか試算し、必要な金額を設定しています。

　お金のことについて自分だけで考えるのが難しいという場合は、ファイナンシャル・プランナーなどの専門家と一緒に考えるのもいいでしょう。
　そうすることで、「お金、どうしよう？」と漠然とした不安から、「目標金額まで増やすにはどうすればいいか？」という具体的な対策へと変化していきます。

3
—

人や社会への貢献実感

感謝されることは本能的な喜び

　私たち人間にとって、感謝してもらうことや役に立てたという実感は、本能的な喜びに近いかもしれません。

　中には、それを自分がこの社会に存在していることを許される理由かのように感じる人もいることでしょう。そのため働くことによって得られる「人や社会への貢献実感」は十分な資産となりえます。

　貢献実感は、「貢献」と「実感」に分かれます。

　まず、そもそも自分は人や社会にどのような貢献ができているのか、またそれを実感できているのか。

　これらについて整理・棚卸ししていくことで、貢献実感は得られやすくなります。

「貢献」を「実感」してみる努力

　仕事は何らかのニーズがあって行うことがほとんどです。

　顧客、社内、一般ユーザーなど、基本的には「それをやらないと誰かが困る」という性質を持っていますので、仕事をしているだけで人や社会に対して、何らかの貢献をしていると言えます。

　しかし、この「貢献」は、感謝の言葉が日常的にもらえるような仕事や職場でなければ、足を止めて振り返ってみないと実感しづらい場合もあります。

　そのようなときは、自分は**「何を通じて」「誰に」「どう喜ばれたのか・役に立ったのか」**について、一度書き出してみることをおすすめします。

　「貢献」というと仰々しく感じてしまうかもしれませんが、これは高尚なものや壮大なものである必要はなく、身近なもので大丈夫です。

　「同じチームの○○さんに"助かります"と言ってもらえた」といったささやかなことや、「ボーナスで、娘が興味を持っていた習い事を始めさせてあげることができた」などプライベートなことでもかまいません。

　しかし、仮にあなたが「会社から指示された意味もわからないタスクをこなして、これが何の役に立つのか不明」「顧客をだましているようなサービスを提供していて気が引ける。貢献どころではない」と感じる状態が続いている場合は、そのままその環境で続けるか、一度考え直してみても良いかもしれません。

　それだけ貢献実感は価値のあるものになります。

4
—

自分なりに感じる価値

自分にとって重要な主観

　人の価値観はさまざまです。他人と同じものを追求していくことがすべてではありません。

　キャリアには、**自分なりに喜びを感じられることが明確であればそれでいい**、つまり究極的には**「自己満足できればいい」**側面があります。
　資産のほかの要素が満たされていなくても、自分なりに得られるものがひとつあれば満足できるという生き方もあるでしょう。
　たとえば、「自分が納得できる作品ができれば、人とのつながりや、時間的・金銭的な余裕はなくても本望」「仕事は何でもいい。推しのことをずっと考えていられる時間があれば、それだけで幸せだと思える」といったものです。

キャリアのタテ軸とヨコ軸

タテ軸		ヨコ軸
年収、地位、ステータスなど。	含むもの	意義、好き嫌い、自由など自分なりの幸せの尺度。
客観による価値。市場や他人が決めてくれる。	価値	主観による価値。自分で考え、自分で判断する。

キャリアのタテ軸とヨコ軸

　ここでご紹介したいのが、上の表にある「キャリアのタテ軸とヨコ軸」です。この軸を元にキャリアを考えると、148ページのように自分の現状や満足度をグラフで表すことができます。

　タテ軸とは年収や地位・ポジションなどのことです。おもに客観による価値で、市場や会社によって決められるものとなります。
　生きていく上でお金は必要ですので、一定のところまではほしいと感じる人が多いのではないでしょうか。
　また、タテ軸が伸びていくと人から認められたと感じられるようになり、それが自身の精神的な安心感につながるという人もいるでしょう。

　私も30代中盤までは、次の図のように年収がどんどん上がっていくのが楽しかったのですが、お金はたくさんもらえるものの1日13時間労働

で、すべての時間が（当時はやりがいを感じづらい）仕事で埋まっていく状況に陥り、当時38歳、ついに心が叫びました。「どうして死ぬときに余るお金のために、生きている時間を使っているんだ!?」と。

　これが、私にとってのタテ軸・ヨコ軸を意識したきっかけでした。当時は、タテ軸（客観の価値）は過剰で、ヨコ軸（主観の価値）が満たされていない状態でした。

　その後、私は今後のキャリアの方針を決めました。それは**「自分にとって本当に必要な金額を設定して、それをクリアしている限りはタテ軸を伸ばす努力ではなく、ヨコ軸が広がるように働いていく」**というものです。

　好きなことを、好きな人たちと、好きなやり方で、好きなときに、好きな場所で。こういう「自由」を大切にして生きていきたいと思うようになりました。

　自分が何を大切にしたいかは、意識していないと見えづらいものです。主観は意識していないと錆びていきます。だからこそ、自分の心の声には耳を澄ましてあげてください。自分の心の声が聴こえるのは自分だけです。

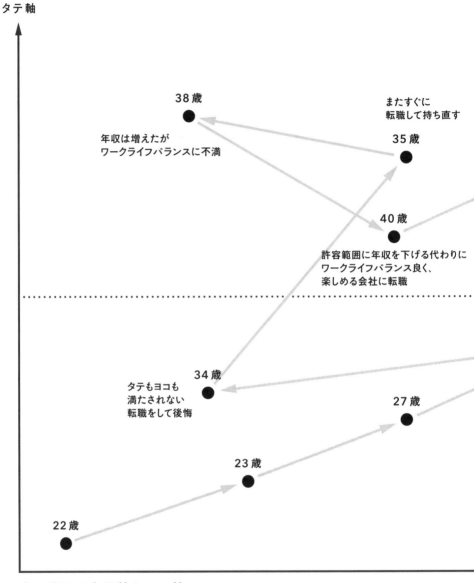

タテ軸

38歳

またすぐに
転職して持ち直す

35歳

年収は増えたが
ワークライフバランスに不満

40歳

許容範囲に年収を下げる代わりに
ワークライフバランス良く、
楽しめる会社に転職

34歳

タテもヨコも
満たされない
転職をして後悔

27歳

23歳

22歳

キャリアのタテ軸とヨコ軸

148

47 歳

副業が軌道に乗ったので
独立し、美大を目指す

45 歳

最低限稼ぐようにしている金額

※これをクリアしている限りは
タテではなくヨコを広げる方針

33 歳

仕事がどんどん
楽しくなっていき、
給料も増えていった

ヨコ軸

5
—

いい思い出

思い出は立派な資産になる

資産の5つめは「いい思い出」です。これについては資産形成フェーズ（40代〜）を待たずして、若い頃から得ているという人もいるのではないでしょうか。

すべての人がいわゆるバリバリのキャリアで生きていけるわけではありませんし、すべての人がそれを目指す必要もありません。

だからこそ、もし仕事で何かすごいことを成し遂げられなかったとしても、あとで振り返ったときに**「それでも良かった」**と感じられる日々があることが大切だと私は思います。

あの人たちと働けて良かった。
あの仕事は大変だったけど面白かった。
あのときに勇気を出して頑張れて良かった。

こういった思い出は、その後の人生を豊かにしてくれます。

　人生は長いです。だからこそ、もし何も成し遂げられなくても、あとで
振り返ったときに「それでも良かった」と言えるような日々で満たされた
人生というのは、それだけで生きる・働くに値するのではないでしょうか。
つまり、思い出は立派な資産になります。

　人は老います。来た道を振り返ることも増えていきます。だからこそ、
そういった日々を積み重ねていけるように働いていきたいものです。

「資産」についてのセルフチェック

これからもキャリアは続きますので、すべてにおいて満足のいくこたえでなくてもかまいません。まずは現在地点を確認してみましょう。

問い	今のこたえ
1. 相互信頼とつながり 今の会社や仕事でなくなったとしても、お互いに繋がっていたいと思えるような人はいますか？	
2. 金銭的な余裕 何歳まで働いて、何歳まで生きると仮定しますか？ 働き終わるまでに金融資産が何円あればOKとしますか？ それはなぜですか？	

問い	今のこたえ
3. 人や社会への貢献実感 何をすれば、今よりも人の役に立てそうですか?	
4. 自分なりに感じる価値 人とのつながりがなくても、お金がなくても人の役に立っていなくても、自分がこだわっていたいこと、価値を感じられることはありますか?	
5. いい思い出 これまでの仕事で、「あの人たちとあの仕事ができてよかった」と思えるようなことはありますか? 心に残っている素敵な思い出はありますか?	

第 6 章

キャリアとの向き合い方

最後の第6章では、キャリアを重ねていく上で大切になる「キャリアとの向き合い方」について、知っておきたいことをお伝えします。

　第1章「資格」〜第5章「資産」まではキャリアの要点について比較的順調で美しい流れでまとめてきました。しかし、現実はそうでもありません。自分自身ではコントロールできないことが多く、なかなか思うようには進めないことだらけではないでしょうか。

　そこで第6章では、そのようなときの乗り越え方や、知っておきたい考え方、落とし穴の回避の仕方など、ここまででお伝えしきれていない大切なことについてまとめました。

- キャリアアップとは、そもそもどういうことなのか？
- キャリアにおいて回避しなければならないことは何か？
- キャリアにおけるリスクをどう扱えばいいか？
- 今の仕事や会社に留まるべきか？新たな一歩を踏み出すべきか？
- 仕事に満足できていないときはどうすればいいか？
- キャリアについて、どう相談すればいいか？

　このようにキャリアについての悩みは尽きないものですが、キャリアに対する向き合い方やマインドセットによって、自身のキャリアへの満足度は大きく変わってくることでしょう。

1

—

キャリアアップ＝交渉力の向上

キャリアにおける交渉力とは

「どんどんキャリアアップしていける会社に就職したい」「今のままだと、いつまでもキャリアアップできる気がしない」など、社会人であれば「キャリアアップ」という言葉を使ったことがある方も多いかと思います。

それでは、キャリアアップとはどのような意味なのでしょうか。どのような状態の変化があれば、キャリアがアップしたと言えるのでしょうか。一般的にキャリアアップには「出世する」「給料が上がる」「成長実感を得られる」「憧れの企業に入る」など、さまざまなイメージがありますが、私は**キャリアアップの本質は「交渉力の向上」にある**と考えています。

ここでいう交渉力とは、

もっと給与を上げてほしい（それが無理であれば、もっと好条件の企業に転職する）

　　リモートで働かせてほしい（それが無理であれば、リモート勤務可能な企業に転職する）

　　○○ができる部署に異動したい（それが無理であれば、○○ができる企業に転職する）

　といった要求をしたときに（本当にこのような交渉を切り出すかどうかはともかく）相手が検討・了承してくれるかどうかであり、キャリアにおける交渉力を上げるには、自身の価値（専門性や実力）を高めて替えが利きづらい人になることが必要です。

　フリーランスの方であれば、クライアントや仕事を選ぶ自由なども含まれるでしょう。

キャリアの人質

　このように、所属組織内やクライアントへの交渉力が向上してこそのキャリアアップであり、「他の選択肢を自分で選べない」状態、たとえば他社ではこれまでの自分の経験が通用せず条件アップの転職ができない状態や、独立という手段も選べないような状態であれば、いかに社内で役職が上がり給与の金額が増えたところで、キャリアアップと呼べるかどうかは疑問です。

　定年まで自分の欲を押し殺して、組織内の論理に染まり、その中で給与と雇用を保証されていても、それは自分のキャリアを人質にとられている

状態と言えるかもしれません（もちろん、その状態に満足していて、かつその状態が続く限りは問題ではありません）。

交渉力の向上とは、いわば**「自由の獲得」**です。

社会人初期の段階では実績や専門性が十分でなく、所属組織の指示に従って、時には我慢してストレスを抱えながら働くこともあります。

しかし、そこから徐々に脱却して自分にとって望ましい働き方で成果を出し、顧客や仕事や仲間やワークスタイルを選べるようになり、対価を得ていくことこそがキャリアアップと言えるのではないでしょうか。

2

キャリアにおける「詰み」回避

攻めと守りのバランス

　「詰み」とは、将棋用語で「対局相手が何を指しても次に玉を取られる状態」、つまりは敗北が確定した状態を指します。日常でも、にっちもさっちもいかないような状態になったときに「このままだと詰む」「やばい、詰んだ」と使う人がいます。

　人生やキャリアにおいても、この「詰み」を回避して常に活路がある状態にしておくことは必須であり、「攻め」だけではなく「守り」も意識しながらキャリアを重ねていくことが大切になります。
　それでは、キャリアはどのようなときに詰みやすくなるのでしょうか。考えられるパターンを5つほどご紹介します。

キャリアにおける詰みパターン

1. 自社への過剰適応

2. 良くない評判が広まる

3. 専門性・技術の陳腐化

4. キャリアの旬を逃す

5. 体調を崩して働けなくなる

 詰みパターン1　自社への過剰適応

今の職場を最悪だと感じていて、家族や友人からも退職することを勧められていたとしても、エンプロイアビリティ（employability / 雇用される力）が十分でないと、他社に転職できず状況は好転しません。

会社からの要求に応え、その会社で成果を出せるように適応していき、社内で居場所をつくっていくことは基本中の基本ですが、同時に「自分は他社でも通用するかどうか」を定期的に確認しておく必要があります。

自分のキャリアの状態を定期的に確認するためには、転職する意向が高くなくても、**人材紹介会社やスカウトが届くような転職系のサービスに登録しておく**ことをおすすめします。これにより、自分には現在の勤め先以外にどのような選択肢が得られそうか、知っておくことができます。

私も、転職意向がない状態であっても、いわゆるヘッドハンターからのスカウトやエグゼクティブサーチからのコンタクトには一通り目を通すようにし、案件次第では詳しく話を聞くようにしています。

私が外資系企業にいた際の知人も、かかりつけのヘッドハンターとは半年に一度はカジュアルに情報交換を行うようにしていました。

体の状態を確認するのと同様に、キャリアにおいても定期健康診断は欠かさずに受けておきましょう。詰んでから脱出を試みるのは難易度が高いので、なるべく詰む前に回避することが大切です。

詰みパターン2　良くない評判が広まる

転職をして状況を改善しようとしたときに、エンプロイアビリティ不足以外にも足かせになることがあります。

それは「良くない評判」です。近年、SNSなどの発達によりウソやズルは明らかになりやすくなり、これまでよりも広まりやすくなっています。

また中途採用においては、知人や友人、これまでの職場で同僚だった人などに声をかけて入社してもらうリファラル採用がここ数年で活発になってきています。

その際に「あの人は仕事ができるからぜひ誘おう」といったポジティブな評判だけでなく、「あの人は一見すごそうに見えるけど、実は仕事ぶりはイマイチで、同僚からの評判は良くない」といったネガティブな評判もついて回りやすくなっています。

あくまでも実直に、身近な同僚たちや顧客からの評価を大切にしながらキャリアを重ねていくことは、ベースを固めていく上での基本行動となり

ます。

詰みパターン3　専門性・技術の陳腐化

　専門性・技術には流行り廃りがあります。特に近年はAIをはじめとする各種テクノロジーの進化により、そもそも「人間がどこまでやるか」といったことを考える必要さえ感じる領域もあるのではないでしょうか。

　専門性・技術によって差はありますが、私たちは常に自身をアップデート・自己開拓していく必要性がこれまで以上に高まり、技術動向や「それでも（しばらくは）人間にしかできないであろうこと」についてアンテナを張っておく必要があります。

詰みパターン4　キャリアの旬を逃す

　資格その1「関心の幅」（22ページ）ですでにお伝えしましたが、キャリアには旬があります。20～30代を意識した求人募集に50代で関心を持ったとしても、採用される可能性は格段に低いことでしょう。

　動くべきときに動いておかないと、その後のリカバリーは難しくなりますので、手遅れになるまで自分のキャリアを放置せず、「キャリアは会社から与えられるものではなく、自分の意思でつくっていく」くらいの心構えを持っておきたいところです。

詰みパターン5　体調を崩して働けなくなる

　これはわかりやすいパターンですが、言うまでもなく健康は大切です。持病や事故などはしょうがないですが、働きすぎて心身にダメージを与えてしまうと長引くこともあります。

キャリアは長距離戦です。走るだけでなく、時には歩きつつ、休憩しつつ、栄養を補充しながら進んでいく必要があります。

　仕事の短期的な失敗や評価ダウンは、あなたの健康ほどキャリアにダメージは与えません。忙しいときは休むことに抵抗があるかもしれませんが、「予定がないから休む」のではなく、「休むという予定を入れる」、このスタンスを大切にしてください。

3
—

キャリアにおける「リスク」
との付き合い方

「自分にとっての」リスクを考える

　キャリアにおいて、リスクはつきものです。先が見えず、未知のものは怖く感じてしまうこともあるでしょう。しかし、リスクとの正しい付き合い方を知ると、より遠くまで冒険できるようになります。

　まず大前提として、何をリスクとするかは人によって異なります。
　たとえば、有名な大企業を辞めてベンチャー企業に転職するとなると、周囲から「もったいない」「あの会社なら将来安泰なのに、どうしてわざわざベンチャーに行くの？」という反応をされるケースも多いでしょう。

　ただし、本人が今後のことを考えて「このままだと自社でしか通用しない人になってしまう」「自分の看板で勝負できない人になってしまう」「退

屈なことに慣れると精神が腐ってしまう」というリスク回避の考えに基づいてとった行動であれば、本人にとってはリスク回避行動となります。

　つまり、リスクは人によって異なるので、**「自分にとっての」リスクを考える**ことが大切になります。

　そして、リスクを考える上で必要となるのは、何よりもまず**「自分の望む状態」を自覚する**ことです。これがないと、そもそも何がリスクとなるかを判断するモノサシがなく、リスクに気づかなくなってしまいます。

　リスクの存在を認識できなければ、リスクとうまく付き合うことはできません。自分の気持ちや価値観こそがリスクを考える上での基準となります。

リスクを適度にしていく

　リスクをとったとして、それが単なる無謀な賭けであってはいけません。即死リスクとならないための対策が必要です。リスクを適度なものとし、うまく付き合っていくには、以下のような方法があります。

複数の選択肢を用意する

　プランAが失敗した場合にはプランBを発動させるというパターンです。一発アウトとさせず、常に抑えの策を用意しておくことで、生き残る可能性を高めるアプローチです。

曖昧度を下げる、小分けにする、具体的にする

　先行きが見えにくい社会状況ではありますが、「この業界は今後どうなるか？」という、自分には対応できないリスクに向かい合うのではなく、小分けにして具体的にしていくことで対策を取りやすくなります。

「先行きはこの6パターンが考えられる。それぞれの場合の対策は～」などと用意するようなイメージです。

　自分がコントロールできない大きいものは小分けにして、自分がコントロール可能なサイズにしてしまいましょう。

 ## 自分がとれるリスクを見定める

　ドラマのように「責任は自分がとります」と格好良く言いたいところですが、それでは済まない問題もあります。

　誰しも自分が取れる範囲の責任には限界がありますので、失敗したときにとれる責任（＝ とっていいリスク）については認識しておきましょう。「ここまでなら自分が傷つくだけで済むけど、ここから先は周囲の被害が大きいので、進むのはここまで」という考え方です。

 ## リスク対応力を身につける

　最後に、ベースアップするための長期的な方法として「自分だったらどうにでもリカバリーできる、という自信と実力を身につけていく」ことが挙げられます。

　独立してフリーランスになって失敗したとしても、自分を「再就職しようと思ったら引く手あまただから問題ない」という状態にしておけると、気軽にチャレンジもしやすくなります。

　いいリスクのとり方がわかると、人はもっと遠くまで冒険できます。自分にとってのリスクを認識し、正しくリスクテイクしていくことでキャリアは広がっていきます。

リスクは公平に天秤にかける

　転職などキャリアチェンジに関心があっても、「キャリアチェンジしたあとのリスク」に目を奪われ、「これにはリスクがあるから」と思考停止して動けなくなる人がいます。

　しかし知っておいてほしいのは「リスクは公平に天秤にかける」必要があるということです。この場合、天秤にかけるべきは「現職に留まるリスク」です。

　フラットに「現職に留まった際の想定シナリオ」と「キャリアチェンジした際の想定シナリオ」とを、勇気を持って比較検討しましょう。

　不確実性は可能性でもあります。リスクとともにある新たな可能性に怯えているだけではフェアな選択にはなりません。

4
—

キャリアのチューニング

オールは手放さない

　キャリアにおいては「チューニング」という概念が大切です。初めて就職した企業でそのまま充実したキャリアを重ねていけるのであれば問題ありませんが、多くの場合はそうではありません。ファーストキャリアから正解を求めるのではなく、自分や社会の変化に応じて、違和感を感じたら「自分のキャリアを調整していく」という考え方をしていきましょう。

　就職・転職をすることは、会社という「船」に乗り合わせるようなものです。船には自分以外の人も乗っているので、自分の都合だけで航海するわけにはいきません。また、風向きや潮の流れ、天候などの外部環境の影響を受けながら進んでいくことになります。たとえば、市場動向や景況感、他のライバル船がもたらす影響など、思うようにはいかないことも多

くあります。

このときに大切になるのは、向かう方向や進み方に違和感を感じたら、乗船している船から下船して、自分で船を漕いで新たな海路を進むか、より自分にあった船に移るという選択肢を持っておくことです。

また、くれぐれも自分という小舟のオールを手放さないことです。**自分のキャリアのオーナーはあくまでも自分**です。「たとえ沈没したとしてもこの船とは一蓮托生」という覚悟ができていれば良いのですが、そうでなければ今乗っている船の行き先や運行状況に鈍感にならないことが大切になるでしょう。

流れてみるのもいい

一方、風の吹くまま、潮の流れのまま、流れてみるメリットもないわけではありません。

目の前の仕事に夢中になり、次から次へとあらわれる課題に向き合い、知らずしらずのうちに流れてしまっていることもありますが、これにより**当初の自分では想像しえなかった海域や、自分では選ばないような陸地にたどり着けていることもあります。**そしてそれが良い場であることもあります。

キャリアプランやキャリアデザインができても、計画したところですべてが計画通りに行くものではありません。もし仲間を信じられるのであれば（もしくはこの仲間たちと一緒ならどこへ向かっても満足できそうであれば）、風の向きや潮の流れに身を任せてみるのも良いのではないでしょうか。もちろん、オールは手放さないままで。

5
—

キャリアは我慢大会ではない

キャリアを我慢大会にする弊害

　キャリアに苦しんでいる人の中には、まるでキャリアを「我慢大会」かのように捉えてしまっている人が見受けられます。このキャリア観は根深いもので、我慢をせずに自分の欲求に従うことに罪悪感を感じてしまう人もいます。

　もちろん、日常業務において我慢は大なり小なり求められますが、我慢することが必要以上に美徳化されて当たり前になってしまうと、キャリアにおいてはいくつかの弊害となってあらわれます。

　次のページに、キャリアを我慢大会にしてしまうことの「負」の側面を4つ挙げてみました。

キャリアは我慢大会ではない

我慢しすぎてしまうと・・・

1. 心身の健康を保てなくなってしまう

2. 改善すべき点を見ないようになる

3. 自社内部に適応しすぎて、市場価値が伸びない

4. 自分がしてきた我慢を、他人に強いるようになる

 1. 心身の健康を保てなくなってしまう

　これはわかりやすいリスクです。動物は危険から逃げるようにできていますが、これまでの学校生活や社会生活で従順であるように訓練された人は、自分の判断で逃げることが苦手です。

　自分の内なる声に耳を傾け、ちゃんと自分と対話し、心身の悲鳴を無視しないようにしましょう。

 2. 改善すべき点を見ないようになる

　業務において我慢が必要になっているときには、多くの場合そこには何か改善すべきことがあります。

　本当は作業フローを改善したほうが生産性が向上するようなケースであっても、その問題に対して自分の我慢で対応しようとすると、組織の成果や自身の生産性にも悪影響があります。何より「いい仕事」をしづらくなります。

3. 自社内部に適応しすぎて、市場価値が伸びない

我慢大会に参加し続けていると、社内価値は高まっていくかもしれませんが、いざ社外に出て転職しようとしたときに「我慢してきた自分のキャリア」が大きな問題として目の前に立ちはだかることがあります。

たとえば、会社のいいように使われすぎて、市場価値の高いスキルがほとんど身についていないということにもなりかねません。

我慢を素直・従順として捉えて、実は立ち向かうことを怠けているのであれば、それは自身のキャリアに隠れた負債を抱えることになります。

4. 自分がしてきた我慢を、他人に強いるようになる

「自分が若い頃はこれが当たり前だった」と、次世代にも同じ苦労をさせようとする（精神的な意味での）おじさん・おばさんに遭遇したことはないでしょうか。

実は彼らもはじめからそうだったわけではなく、あなたと同じように「これはおかしい」と思っていたかもしれませんが、我慢大会とは残酷なもので、それに参加しているうちに自分が染まっていってしまうこともあります。

このように、我慢大会が随時開催されている組織では、退職者は「耐えられなくなった落伍者」もしくは「大会参加を拒否した裏切り者」となりがちなので、もしあなたがそのように感じたのであれば、そのような組織とは早めに縁を切ることも選択肢に加えることをおすすめします。

もちろん、我慢がすべて不要ということではありません。**意味のない我慢（単なる消耗）と、意味のある我慢（理想に近づくために必要な苦難）**とを分けて、付き合い方を間違えないようにしましょう。

6

今の仕事に満足できて
いないときは

そもそも仕事の満足度は何から構成されるか

転職を考えるほどではないものの、今の仕事に満足できていないということもあるでしょう。できることであれば、転職ではなく今の職場でどうにか改善していきたい。そのようなときは、そもそも仕事の満足度は何によって構成されているか理解することで、改善の糸口がつかめるかもしれません。

次のページでは、「仕事の満足度」について説明したものとして、ハックマン・オルダムの職務特性モデルをご紹介します（理解しやすいように元の理論をいくらか簡略化させています）。

このモデルは、組織心理学者のリチャード・ハックマンと、組織行動・経済学者のグレッグ・オルダムが提唱した理論で、「仕事の特性はそれに従事する人の満足感やモチベーションに関係する」というものです。

これらを含むほど
仕事に満足を
感じやすい

ハックマン・オルダムの
職務特性モデル

1	**2**	**3**	**4**	**5**
技能多様性	タスク完結性	タスク重要性	自律性	フィードバック
Skill variety	Task identity	Task significance	Autonomy	Feedback
単純作業ではなく、多様なスキル活せる(求められる)仕事	一部分だけでなく、仕事の流れについて全体を理解できる・関われる仕事	社会的に重要で、人々の生活への影響を感じられる仕事	自分自身の裁量で自律的に考え、判断し、進められる仕事	自分のがんばりの成果がどうなったのかを知ることができる仕事

「仕事が楽しい」と言われることが多いベンチャー企業を例に、特に重要とされている5つの要素について、1つずつ見ていきましょう。

 ## 1. 技能多様性

これは、**単純作業ではなく、多様なスキルを活かせる(求められる)仕事**であるほど職務満足が上がりやすいというものです。

ベンチャー企業にはスペシャリストも多くいますが、中には「セールスかつマーケティング」「人事かつ広報」「いろいろな仕事をしている」という人もいます。そういう人たちは大変そうですが楽しそうでもあります。

 ## 2. タスク完結性

一部分だけでなく、仕事の流れについて全体を理解できる・関われる仕事でも職務満足は高まります。

ベンチャー企業は大企業と比べて規模がそこまで大きくないので、社内

の業務がどのようにつながっているか見えやすく、自分の担当業務が組織の中でどのような位置づけにあるかを理解しやすくなります。また、自分の改善案が他の部署にも届きやすいため、それも満足感に影響していくのではないでしょうか。

3. タスク重要性

タスク重要性とは、**社会的に重要で、人々の生活への影響を感じられること**です。

すべてのベンチャー企業がこれに該当するわけではありませんが、特に世の中に新しい価値を創造することを志すビジョナリーな企業、そしてそれに関する職務に準じている人たちは、自分たちの仕事や役割の重要性を感じやすく、職務満足も高いことが想像できます。

4. 自律性

多くの人は他人から口出しされることを嫌い、**自分自身の裁量で自律的に考え、判断し、進められる仕事**にやりがいを感じやすいものです（中には自分で決めたくない・責任は負いたくない・考えることが面倒という人もいますが）。

ベンチャー企業の場合、マネジメント層が「そこまでメンバーを細かく管理しきれない」というのが実情としてあり、メンバーが自律的にならざるをえないというケースが多々ありますので、自ずとそれが職務満足につながりやすくなります。

5. フィードバック

自分が頑張った結果がどうなったかわからないと、人はストレスを感じやすいものです。そのため、**自分が取り組んだ結果がどうなったのかがわかりやすい仕事**は職務満足につながりやすくなります。

大企業となると顧客・ユーザーからの距離が遠くなってしまい、自身の成果へのフィードバックが得られにくくなることもありますが、ベンチャー企業の場合は日々の売上成長や機能改善、ユーザーの反応など、比較的ダイレクトに感じやすいでしょう。

　ここまでベンチャー企業の目線でお伝えしましたが、ベンチャー企業に当てはまらないことも多々ありますし、大企業でもこれら5つの要素を持つ仕事ももちろんあります。
　大企業は大企業なりのダイナミズムや社会的使命といった魅力もありますので、あくまでも大まかな傾向として受け取ってください。

チームメンバーの職務満足を向上させるには

　もしあなたが上司としてチームメンバーの職務満足を向上させたい場合、この職務特性モデルはひとつの参考になるのではないでしょうか。

- 1. 技能多様性：より多様なスキルを活かせるような役割を任せる
- 2. タスク完結性：企画から運用・改善フェーズまでまるごと任せる
- 3. タスク重要性：今の仕事の意味を伝える、意味を本人と一緒に考える
- 4. 自律性：あれこれ口を出さずに、まずは自分で考えて実行してもらう
- 5. フィードバック：顧客や他部署からの反応を本人に伝える

　このようにアサインや支援の方法などを変えてみることで、一緒に働くメンバーの職務満足度を向上させられる可能性は高まります。

7
―

人に相談するときの注意点

まとまっていないからこそ相談する

　自分の中で考えがまとまらないうちは、他人にキャリアの相談をしづらいという人がいます。相談の際には相手に時間をもらうことになるので「頭の中がぐちゃぐちゃになっている状態で相談に乗ってもらうのは失礼だから、もう少し自分なりに考えを整理した上で相談に乗ってもらわなければいけない」と、つい遠慮してしまうこともあるでしょう。

　ただ、そこから自分だけではうまく整理しきれず、ずるずると時間だけが経過してしまう状態が続くのは避けたいところです。

　私は、そういう状況のときこそ、**まず1回、クイックに相談に乗ってもらう**ことをおすすめします。

これは相手の相談対応スキルにもよるのですが、慣れている人でしたら、あなたの頭の中にあるぐちゃぐちゃしたものを整理して、考えるべきことを明確にするところから手伝ってくれます。

　また相手の相談対応スキルがそこまで高くなくても、**自分が話した言葉を自分で聞くことで、自分の潜在的な考えや心の声に気づく**こともあります。これをオートクラインと言います。

　人間は自分の頭の中を見ることができないので、悩んでいることを頭の中に閉じ込めておくだけではその悩みは扱いづらい状態のままです。

　しかし、人に話したり書き出したりして外に出せば、見つめやすく扱いやすくなるので、人に話す機会を設けることで前進できることもあります。

相談相手を選ぶ

　クイックに相談を、といっても誰にでも話せばいいわけではありません。一見相談に乗ってくれそうでも、キャリアの相談に適さない相手がいます。それは「あなたをコントロールしようとする人」「あなたのキャリアが自分の損得に関わる人」です。

　たとえば「自分が上司のうちに異動や退職をされると困るから、このまま我慢して自社で働き続けてほしい」という上司や、「転職してくれたら自分の紹介決定人数の目標達成に近づくから助かる」と考えてしまうタイプのキャリアアドバイザーです。そのような人にする相談は、フラットなものではなくなってしまう場合もあります。

　もしあなたが、この点において不安であれば、自分のキャリアとは利害関係がない第三者からもセカンドオピニオン的にアドバイスやフィードバックをもらってみてもよいでしょう。

8
—

飢えと飽きと危機感

キャリアを動かす3つの要素

　最後に、キャリアを形成していく上で大切になる「飢え」と「飽き」と「危機感」についてお伝えして、第6章を終わりたいと思います。

　「飢え」と「飽き」と「危機感」は、一見するとネガティブな言葉ですが、実はキャリアにおける停滞を脱するための大切な信号として機能します。

　これらは後天的に伸ばしていく・高めていくことは難しいのですが、重要な要素となりますので解説していきます。

飢えと飽きと危機感

飢え

キャリアにおける「もっと○○できるようになりたい」「もっと○○がほしい」「もっと○○したい」といった欲のことです。

もちろん「足るを知る」ことも大切ですが、まだ資源が十分なキャリアの序盤においては、飢えがあることで経験が増え、経験から学べることも増えます。

飽き

日常業務を習得して、環境に適応して、満足して続けていくこともちろん良いのですが、飽きずにずっと続けていると、新しい挑戦機会や能力開発の機会につながりづらくなります。

キャリアにおいては「適度な飽き」が、自分を次の場所へ導く上で大切になります。

危機感

　焦ってばかりいても健全ではないのですが、キャリアに対する危機感が
ないと、転機やキャリアの旬を見逃してしまい動くべき時に動けなくなり
ます。

　適度な危機感（健康だと思っていても毎年健康診断には行くくらいの気
持ち）は持っておいたほうがいいでしょう。

　キャリアにおいては、適度に飢え、適度に飽き、適度に危機感を保つこ
とがむしろ健全な状態です。ぜひ覚えておいてください。

おわりに

「資産」が充実し始めたら

　本書の第5章では働く理由となりうる価値である「資産」として1. 相互信頼とつながり、2. 金銭的な余裕、3. 人や社会への貢献実感、4. 自分なりに感じる価値、5. いい思い出について説明しました。

　しかし、これらが満たされたと早々に感じてしまった場合、その後はどうすればよいのでしょうか。たとえばこれらが満たされるのが定年間近ではなく、努力や挑戦が報われてすでに30〜40代にして充実感を感じるようになったという人もいることでしょう。私はそのような人には「もう一度生きてみる」ことをおすすめしたいと思います。

もう一度生きてみようと思った

　本書を執筆している2023年6月時点での私自身の近況についてお話しをさせてください。

　私は2023年3月にLINE株式会社を退職し、4月から「すいどーばた美術学院」という美術予備校に通い始めました。美術予備校というのは美大への進学を目指す高校生・浪人生たちが通う予備校のことで、もちろんクラスメイトの多くは18〜19歳。そこに47歳の私が1人混ざって、デッサンや色彩構成などの課題や29年ぶりの受験勉強に週6日、取り組んでいます。

　まさに2回目の人生を歩み始めているところです。

　思えば1999年に社会人になって以来、これまで人事・人材系の領域で24年ほど仕事に取り組んできました。1社目を1年で辞めて「キャリア弱者意識」を持って以来20年以上「このままじゃまずい」という危機感や「まだ足りない」という飢えをエネルギーにして動いてきました。

　何度かキャリア上の挫折を味わいながらも、不器用な人間なりに死にものぐるいで働いてきたこともあって、人事・人材系の界隈からは一定の認知をいただけるようになりました。

　その結果として、本書における「資産」は自分なりの充実感を得られるようになってきました。

　多くの信頼できる人たちと仕事ができ（1. 相互信頼とつながり）、働く時間も収入も自分なりにコントロールできるようになり（2. 時間的・金銭的な余裕）、これまでよりも人や社会の役に立っている実感が得られるようになり（3. 人や社会への貢献実感）、自分がこだわりたいことにこだわることができ（4. 自分なりに感じる価値）、多くの機会や周囲の人に恵ま

れたと感じられています（5. いい思い出）。

　ここ2年ほどで初めて"一旦満たされる"という感覚が得られるようになりました。

　しかし、満たされるということは、これまで自分を突き動かしてきた飢えや危機感が機能しなくなったということでもあります。

　これが65歳の私であれば「あとは悠々自適に老後の生活を楽しもう」となるわけですが、47歳の私にとってはあと18年もあります。それであれば、これまでとは違う前提で、もう一度生きてみようと思いました。

　今から始めれば、18年間であと1周（2周？）いけるかも、このまま勝てる勝負を続けてレベル99を目指す楽しみ方でなく、新たにアウェイな場で、リスキリングではなくリボーンのスタンスで、新たな挑戦権（本書における「資格」）を得ようと思いました。

　しかし、新しいチャレンジには、①時間、②お金、③体力が必要になります。

　　学生は、①時間と③体力はあるけど②お金がない
　　社会人は、②お金と③体力はあるけど①時間がない
　　引退後は、①時間と②お金はあるけど③体力がない

　これら3つの要素が揃う時期はなかなかありません。

　それを踏まえ、LINEで働きながら直近1〜2年ほど副業として自分の会社をつくってオンライン研修などを提供してみた結果、おかげさまで新たな挑戦と並行しても、なんとか生活できそうなメドが立ちました。

185

これにより、①時間と②お金はどうにかなった状態になりました。ただし、③体力はどうにもなりません。加齢とともに減っていくだけです。体力は今この瞬間が残りの人生の中で最大値になってしまうので、早々に踏み出すことにしました。

「本当にしたかったことは何か?」という問い

「本当にしたかったことは何か?」「もう一度生きられるとしたら次はどんな人生がいいか?」資産について自分なりの充実感を得られるようになったら、この自問自答をしていくことをおすすめします。

私の場合、叶うならば、美大で学びたいと思いました。「これまでのキャリアや人生において、本当は興味があったけど蓋をしてしまった可能性は何だろう?」と考えた結果でした。残りの人生で、そこに向かい合おうと思いました。

「クリエイターになりたい」「ファンタジー小説を書きたい」「予備校講師になりたい」など、過去の夢は近いかたちでこれまでに実現してきましたが、それらは求人広告の制作(プランニング、コピーライティング、ディレクション)であり、ビジネス書の執筆であり、大学の教員でした。
それぞれに全力投球はしてきましたが、どれだけ思い描いたことに似ていても、本当に実現したい姿そのものではありませんでした。

今の私の根底にあるのは「ロジックでは超えられない壁を超えたい」という思いです。
ロジックや経済合理性やルールだけでは動きづらいものを動かすマジックを考えたり、手を動かしたりして感動を湧き起こせるようになるための

期間にしたいと思っています。マーケティング的な手法ではなく、純粋に創作物で心を動かすようなものを、この手で生み出したいと思っています。

　もちろんそれは美大に行く以外の手段もありますが、まずはどっぷりと4年ほど浸かってみるのは、アラフィフの過ごし方として悪くないのではないかと思いました。

　本書では**各章**ごとにセルフチェックリストを設けていますが、ここで最後の質問をご用意しました。

「もう一度生きられるとしたら、
　実現したい生き方はどのようなものですか？」

青田努

謝辞

　本書を執筆することは、私のこれまでのキャリアを振り返ることでもありました。そして、そのたびに私は今に至るまで多くの方々に支えられながら生きてこられたことを、大いに実感することになりました。

　まず、歴代上司の皆さんには、私がこれまでの勤務先企業に入社する機会をいただくことが多く、入社後も多くのことを学ばせていただきました。また、上司だけでなく同僚・メンバー・お取引先の皆さまには、さまざまな挑戦の機会や的確なフィードバックをいただき、その一つひとつが私の糧となっています。

　また、私が現在通っている美術予備校「すいどーばた美術学院」に挑戦するきっかけと勇気をくれた出川光さん、47歳にも関わらず面談の機会と入学許可をいただきましたすいどーばた美術学院の平島毅先生と與語茜先生。お三方との出会いがなければ、二度目の人生のスタートは実現できなかったことでしょう。

　さらには、私が副業として始めた「採用を体系的に学ぶ会」「おすそわけ勉強会」のメンバーの皆さまの支えのおかげで、新しい世界に挑戦するだけの生活基盤を整えることができました。ありがとうございます。

　そして、本書の担当編集であるディスカヴァー・トゥエンティワンの安永姫菜さんには、執筆していく上での壁打ち役・相談役・お尻叩き役となっていただきました。

最後に、私の好き放題なキャリアを許容し、期待しながら見守ってくれている妻の理恵には感謝の言葉も見つかりません。

　こちらで謝辞として、皆さまにお礼を申し上げます。皆さまとのこれまでの関わり無くして、本書が世に出ることはありませんでした。こちらにて感謝の意を表します。

図解 「いいキャリア」の育て方
「5つの資」から考える人生戦略

発行日　2023年7月21日　第1刷
　　　　2023年9月15日　第3刷

Author　　　　　　青田 努
Book Designer　　武田厚志（SOUVENIR DESIGN INC.）

Publication　　　株式会社ディスカヴァー・トゥエンティワン
　　　　　　　　　〒102-0093　東京都千代田区平河町2-16-1 平河町森タワー11F
　　　　　　　　　TEL　03-3237-8321（代表）03-3237-8345（営業）
　　　　　　　　　FAX　03-3237-8323
　　　　　　　　　https://d21.co.jp/

Publisher　　　　谷口奈緒美
Editor　　　　　　安永姫菜

Marketing Solution Company

飯田智樹　蛯原昇　古矢薫　山中麻吏　佐藤昌幸　青木翔平　小田木もも　工藤奈津子　佐藤淳基
野村美紀　松ノ下直輝　八木眸　鈴木雄大　藤井多穂子　伊藤香　小山怜那　鈴木洋子

Digital Publishing Company

小田孝文　大山聡子　川島理　藤田浩芳　大竹朝子　中島俊平　早水真吾　三谷祐一　小関勝則　千葉正幸
原典宏　青木涼馬　阿知波淳平　磯部隆　伊東佑真　榎本明日香　王廳　大﨑双葉　大田原恵美　近江花渚
佐藤サラ圭　志摩麻衣　庄司知世　杉田彰子　仙田彩歌　副島杏南　滝口景太郎　舘瑞恵　田山礼真
津野主揮　中西花　西川なつか　野﨑竜海　野中保奈美　野村美空　橋本莉奈　林秀樹　廣内悠理
星野悠果　牧野類　宮田有利子　三輪真也　村尾純司　元木優子　山田諭志　小石亜季　古川菜津子
坂田哲彦　高原未来子　中澤泰宏　浅野目七重　石橋佐知子　井澤徳子　伊藤由美　蛯原華恵　葛目美枝子
金野美穂　千葉潤子　西村亜希子　畑野衣見　藤井かおり　町田加奈子　宮崎陽子　青木聡子　新井英里
石田麻梨子　岩田絵美　恵藤奏恵　大原花桜里　蠟﨑浩矢　神日登美　近藤恵理　塩川栞那　繁田かおり
末永敦大　時田明子　時任炎　中谷夕香　長谷川かの子　服部剛　米盛さゆり

TECH Company

大星多聞　森谷真一　馮東平　宇賀神実　小野航平　林秀規　斎藤悠人　福田章平

Headquarters

塩川和真　井筒浩　井上竜之介　奥田千晶　久保裕子　田中亜紀
福永友紀　池田望　齋藤朋子　俵敬子　宮下祥子　丸山香織

Proofreader　　文字工房燦光
DTP　　　　　　株式会社RUHIA
Printing　　　　シナノ印刷株式会社

ISBN978-4-7993-2953-5
(II CAREER NO SODATEKATA by Tsutomu Aota)

Discover

人と組織の可能性を拓く
ディスカヴァー・トゥエンティワンからのご案内

本書のご感想をいただいた方に
うれしい特典をお届けします！

特典内容の確認・ご応募はこちらから

https://d21.co.jp/news/event/book-voice/

最後までお読みいただき、ありがとうございます。
本書を通して、何か発見はありましたか？
ぜひ、感想をお聞かせください。

いただいた感想は、著者と編集者が拝読します。

また、ご感想をくださった方には、お得な特典をお届けします。